입 체 +

공 간 +

커 뮤 니 케 이 션

design cookbook

입체+공간+커뮤니케이션

2006년 8월 24일 초판 발행 • 2022년 8월 29일 7쇄 발행 • **지은이** 최동신 최호천 윤희수 심복섭 김미자 남호정
펴낸이 안미르 안마노 • **편집** 김형수 • **디자인** 황보명 • **영업** 이선화 • **커뮤니케이션** 김세영 • **제작** 세걸음
종이 스노우 250g/m², 하이플러스 100g/m² • **글꼴** SM신신명조, Times New Roman

안그라픽스
주소 10881 경기도 파주시 회동길 125-15 • **전화** 031.955.7755 • **팩스** 031.955.7744
이메일 agbook@ag.co.kr • **웹사이트** www.agbook.co.kr • **등록번호** 제2-236(1975.7.7)

ISBN 978.89.7059.312.8(13630)

입 체 +

공 간 +

커 뮤 니 케 이 션

design cookbook

최동신 · 최호천 · 윤희수
심복섭 · 김미자 · 남호정 지음

안그라픽스

머리말

현대 조형예술은 끊임없이 새로운 모습으로 변화하고 있으며 이러한 현상은 점차 속도와 범위를 확장해 가고 있다. 사실 이러한 변화를 이끌어 가는 새로운 조형적 의미와 표현상의 특질들은 새로운 것이 아니다. 지금까지 인간의 창의적인 연구와 실험을 거쳐 오랫동안 역사적으로 진화한 결과이며, 오늘날 기술의 도움을 받아 표현이 가능해진 것이다.

그러나 기술적 해결 능력이 고도화되고 그것에 의존하려는 경향이 강해질수록 오히려 기초 조형 분야의 문제가 대두되면서 새로운 인식을 요구하고 있다. 즉 디지털 첨단 기술이 지배하는 이 시대에 기초 조형 교육의 중요성이 더욱 강조되고 있는 것이다. 이것은 기술적 능력에 의존하기보다 조형의 원천이라고 할 수 있는 조형 요소와 원리의 실험 및 탐구의 창의적인 작업이 이를 뒷받침할 수 있기 때문에 가능한 일이다.

기초디자인 교육에서의 입체 조형은 재료의 특질을 파악하고 그것을 다루는 도구적, 기술적 관계를 이해하며 효율적인 해결 방법을 터득하게 하는 데 그 목적이 있다. 이를 통해 표현의 가능성을 스스로 체험하게 함으로써 실제 재료와 도구의 직접적인 만남을 주선하고 학생의 감정과 의미를 수월케 한다. 무엇보다 형태와 이미지를 생성시키는 창의적이고 생산적인 작업이 되어야 하기 때문에 실물적인 작업 경험이 더욱 중요하게 요구되고 있다.

이 책의 교과 내용은 과제별 연계성을 적합하게 구성했고, 단계별 실험과 경험을 심화시키는 과정에서 학생 개개인의 특성이 표출되어 창의적인 표현을 실천할 수 있도록 자료를 풍부하게 제시함으로써 학생의 실험에 도움을 주어 정체성 축적의 한 부분으로 작용하는 역할을 하도록 이루어졌다. 특히 이러한 내용과 자료를 일방적으로 보여주기보다 학생들과의 교감이 가능할 수 있도록 과제 자료와 조형 작품을 연계시켜 정리했다.

그동안 개인적인 연구나 경험의 공유에 대한 필요성을 공감하면서도 행동에 옮기지 못하던 차에 나의 정년이라는 시점을 계기로 이 책을 펴내게 되었다. 대학에서 기초 디자인과 입체 조형 과목을 담당하고 있는 제자 강남대학교 최호천 교수, 공주대학교 윤희수 교수, 충북대학교 심복섭 교수, 영산대학교 김미자 교수, 전남대학교 남호정 교수들이 집필에 참여해 큰 힘이 되었다.

이 책은 평생 동안 교육자로서 개발하고 체계화시킨 교육 프로그램을 디자인 교육에 적용하여 발전, 심화시켜 나가야 하는 책무를 다하기 위한 노력의 일환이다. 다시 한 번 집필에 참가한 제자 교수들의 노고에 감사드리며, 출판을 해주신 안그라픽스에도 감사를 드린다.

끝으로 기초 입체 조형, 공간 조형 과목을 이수한 학생들의 수업 결과물을 이 책의 자료로 일부 사용했음을 밝힌다.

2006년 8월
홍익대학교 미술대학 시각디자인과 전 교수
저자 최동신

선생님의 온화한 정신을 기리며…

누구나 "선생님!"하고 부르면 떠오르는 얼굴과 추억이 있을 것이다. 우리에게는 최동신 선생님이 바로 그런 분이다. 선생님께서는 약 34년간 홍익대학교 미술대학 시각디자인과에서 후학들을 지도해 오시면서 우리에게 '선생님'이란 단어의 무게를 새삼 곱씹게 하셨다.

선생님의 정년퇴임을 기념하여 그동안 선생님의 연구성과를 정리하는 의미에서 1970년대 초부터 지금까지 강의하셨던 입체디자인에 관련된 강의 내용을 다섯 명의 제자가 선생님을 모시고 지난 3년간에 걸쳐 '입체＋공간＋커뮤니케이션'이라는 책으로 정리하였다.

그동안 수차례 토론을 하였고 입체 디자인의 과거, 현재, 미래에 대한 선생님의 강의를 다시 들어가며 수정, 보완을 거듭하였기에 더없이 기뻤지만 아쉬운 마음은 늘 한쪽에 자리하고 있기 마련인가 보다.

빠른 속도로 다변화되어가는 디자인 분야에서 공부하는 많은 학생들과 일선 산업계에서 활약하는 디자이너들에게 본 '입체＋공간＋커뮤니케이션'이라는 책 한 권이 기본기가 충실한 디자이너가 되는 데 밑거름이 되기를 기대한다.

다시 한 번 그동안 선생님의 노고에 감사하며 출판을 맡아주신 안그라픽스 김옥철 대표님과 꾸준히 원고 정리에 정성을 다 해준 정의섭 선생에게도 감사의 글을 남긴다.

2006년 8월
저자　최호천, 윤희수, 심복섭, 김미자, 남호정

개 요

이 책은 입체 디자인의 입문서로서 창조적 잠재력을 일깨울 수 있는 체험의 영역
이 마련되어 있다.

1. 1장에서는 모든 디자인의 출발이 자
   연으로부터 시작됨을 인식시키고 자
   연에서 입체 공간을 이해한 후 조형의
   원리를 파악하도록 하였다.

2. 2장에서는 평면에서 입체화의 과정,
   선과 공간의 상관관계, 면에서 볼륨 또
   는 다면체로의 과정 등을 이론적 배경
   에 근거하여 설명하였다.

3. 3장에서는 운동·빛·일루전으로 구분
   하여 효과적인 표현 방법과 조형 요소
   의 역할을 체계적으로 설명하였다.

4. 4장에서는 실생활에서의 입체와 공간
   을 환경별로 구분하고 그 사례에 대한
   표현을 설명하였다.

전체적으로 입체로서 형태와 구조가 공간
에서 어떤 역할을 하는지 연구하고, 인간
과 커뮤니케이션 활동에 중점을 두고 실제 작업물의 예시를 통한 입체 디자인 분
야의 창의적 체험이 가능하도록 하였다.

입 체 +

공 간 +

커뮤니케이션

design cookbook

목 차

1장 자연의 입체 공간

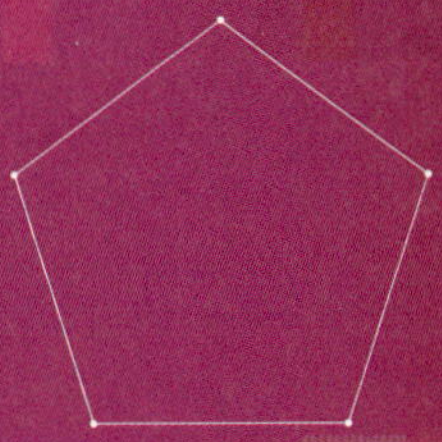

1. 자연의 조형 요소

자연은 예로부터 인간의 중요한 연구 대상이면서 동시에 생활의 터전이었다. 또한 자연의 신비로움과 아름다움, 장엄함은 인간의 삶을 풍요롭게 하기 위한 새로운 도구로서 예술의 주된 표현 대상이었다.

자연은 인간이 존재함에 있어서 절대적인 조건인 동시에 환경 속에서 끊임없이 변화, 발전한다. 유사 이래 자연을 극복하고자 하는 인간의 의지는 기능과 미가 결합된 도구들을 끊임없이 창조하여 왔다. 경험을 통해 지혜가 축적되고 도구를 사용하면서 향상된 인간의 욕구는 오늘날과 같은 고도의 과학문명을 이루게 하였다.

자연은 인간생활의 근본이며 과학은 단지 자연현상을 조직화시킨 것에 불과하다. 자연 안에서 어떤 원리를 발견하고 그 결과를 응용하는 것은 바로 인간의 생활이자 삶 그 자체이다.

자연계에서 볼 수 있는 형태들은 자연의 법칙에 의해 형성되었으므로 합리적이고 기능적인 유용성이 돋보이며 시각적으로 유동적인 쾌감을 만들어 낸다.

뗀석기

공생하는 자연

자연의 입체 공간

　　라슬로 모호이너지Laszlo Moholy-Nagy는 그의 저서 『
Vision in Motion』에서 "해안의 조약돌은 형태상으로 매우 다양
한 모습을 가지고 있다. 그것은 산에 있는 바위에서 떨어져 나와
강을 따라 흘러 내려오는 동안 서로 부딪치거나 강바닥에 긁히
는 자연의 힘에 의해 필연적으로 그와 같은 형태가 되었다."고
말하고 "그것을 지배하는 것은 자연계의 경제법칙"이라고 강조
하였다. 예를 들어 조약돌이나 강의 형태는 자연계를 움직이는
힘과 물질의 저항이 만들어 낸 형태라 할 수 있다. 그리고 완두
콩의 껍질을 자세히 살펴보면 껍질에 새겨진 여러 개의 곡면이
보이는데 이는 콩을 감싸서 보호하기 위해 생겨난 형태이다. 또
한 물고기의 형태는 물의 저항을 될 수 있는 한 줄이기 위하여
또는 생물체로서 여러 가지 기능을 유리하게 유지하기 위한 형
태이다. 이렇듯 자연계의 형태는 결국 자연법칙의 하나인 경제
성의 산물이다. 이러한 유기체의 형태적 질서가 오늘날 인간을
위한 각종 입체의 형태를 만들었다.

완두콩 껍질의 곡면

완두콩 모양의 과일 그릇

석류의 단면

연근의 단면

귤의 단면

참외의 단면

키위의 단면

토마토의 단면

어느 지역이건 그 지역만이 갖는 고유한 자연조건과 특수성이 있다. 대체로 자연환경은 그 속에서 삶을 영위하는 생활 주체로서 인간의 특성 내지는 민족성에 영향을 주어 그 민족 고유의 문화적 독창성을 갖게 한다. 따라서 우리는 우리의 우수한 전통문화를 잘 계승하고 새로운 생활양식을 창조함으로써 인간과 자연이 조화를 이루는 풍요로운 삶의 문명을 만들어 나가야 한다. 우리가 자연에서 느끼는 다양한 미적 가치들은 인간의 삶을 풍요롭게 하고 삶의 질을 높이며 인간의 존재 자체를 예술적으로 승화시키는 역할을 한다.

자연의 형태를 관찰할 때에는 다음과 같은 점에 유념해야 한다.

❶ 자연은 모든 현상의 기초로서 조화와 균형의 기본이며 형태와 색채의 원형이다.

❷ 자연은 단순하고 효과적인 방법으로 변화를 창조하며 유기적인 질서의 법칙에 따라 형성된다.

❸ 자연은 리듬을 창조한다. 자연의 법칙에 의한 변화의 탄력성은 자연과 긴밀한 관계를 갖고 있으며 이로 인해 다양한 현상을 볼 수 있게 해 준다.

❹ 자연의 형태를 통해 형태와 비례에 대한 신비성을 느낄 수 있다.

❺ 다양한 자연물들을 결합, 해체, 확대, 축소하는 등 무수한 변화의 방법으로 새로운 조형물을 찾을 수 있다.

자연물을 이용한 입체

평면 디자인의 형태 생성 이론은 1920년대 바우하우스의 파울 클레Paul Klee가 개발한 것으로 점으로 시작하는 형태 생성의 도형적 차원에 관한 내용으로 점이 이동하면 선이 생성되고, 그 선이 평면적으로 이동하면 2차원의 평면을 얻을 수 있다는 이론이다. 또한 평면이 공간으로 움직이면 평면들이 맞닿음으로써 3차원의 입체가 생성된다. 개념적 의미에서 입체는 면이 가지고 있는 그 자체의 방향이 아닌 다른 방향으로 움직인 상태이다. 면이 움직이면 3차원의 공간에서 위치를 가지며 외부와 구분되어 닫혀진 3차원의 형태가 되는 것이다.

입체와 평면의 중간적 성격을 띠며 공간적으로 애매한 도형이다.

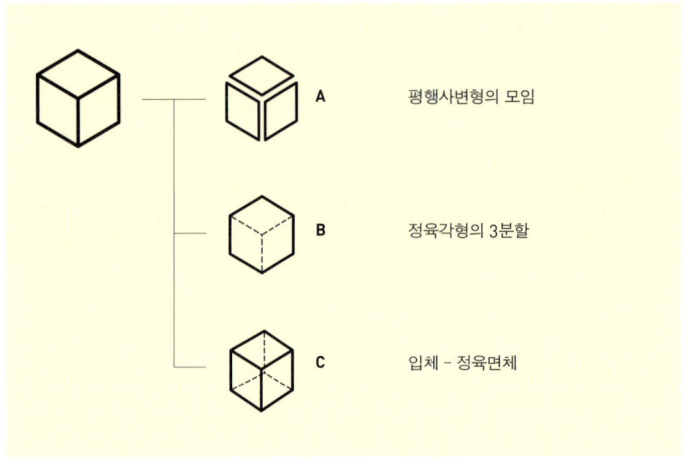

A   평행사변형의 모임

B   정육각형의 3분할

C   입체 - 정육면체

공간적으로 애매한 도형

1) 형 shape

형은 사전적 의미로 모양, 형상, 모습, 외양, 윤곽 등을 뜻하며 어렴풋한 모습이나 실루엣, 그림자, 환상, 유령 등으로 풀이되기도 한다. 간혹 형태form와 혼동하는 경우도 있지만 의미가 다르다. 형의 개념을 가장 잘 나타내는 것은 다각형이다. 평면적 형태에 대한 기초적인 지식이 있는 사람들은 화가나 건축가, 디자이너들이 창작 조형물을 설치하거나 건축물을 신축하고 신제품을 디자인하는 데 도움을 준다. 형은 닫혀진 형태 또는 평면으로 정의된다. 형은 전체적인 모습과 상관없이 모두 다각형이라고 부른다. 이 다각형은 점과 선분 그리고 내부 공간으로 구성되는데, 각 점들은 모서리 또는 정점을 나타내고, 선분은 그 정점들을 연결시키는 다각형의 변이 된다. 점과 선분에 의해 생긴 다각형의 내부 공간은 특정한 모양을 이루며 규칙적이거나 오목하고 볼록한 형의 특징에 따라 정의된다.

2) 형태 form

화가, 건축가, 디자이너들은 공간에서 물체의 입체적 특성을 설명하기 위해 형, 부피, 질량mass 같은 단어를 사용한다. 넓은 의미에서 형태란 매체나 기술, 시각적 구조 원리 등을 활용한 개념으로서 3차원의 구성요소를 인간이 만든 인공물로 대체하는 것과 관련된 용어의 총합이다. 3차원적 형태는 다면체라 불리는 단순한 2차원의 다각형을 이용하여 다양한 형태를 만들 수 있다.

건물의 조형물, 조형작품, 행사용 사인물의 형태

　　　　3차원의 관점에서 포맷format은 공간에 존재하는 면과 그 면들의 내부적 관계를 구성하는 구조를 여러 시각에서 체계적으로 규격화한 개념이다. 이러한 입체는 고체solid이거나 평면적 요소들로 닫혀 있고 두 내부가 비어 있을 수 있으며 점과 선이 확장되어 생긴 외부 윤곽선으로 내부가 분할된 선형 구조물일 수 있다.

3) 공간 space

역사적으로 공간 연구에 기본이 될 수 있는 깊이의 지각에 대한 분석은 예술가나 지각 심리학자들의 다양한 실험을 통해 이루어져 왔다. 이러한 공간과 깊이의 지각에 관한 연구는 일반적으로 2차원과 3차원의 공간에 대한 1차적 구분과 깊이에 대한 지각을 암시하는 다양한 단서들에서 출발한다.

　　　　3차원적 공간three-dimensional space이란 모든 방위에 경계가 없고 제약이 없는 상태를 뜻한다. 3차원적 공간에 대한 시각적 인식은 다양한 상호 장치를 포함한다. 3차원의 세계를 지각하는 과정에서 형이나 형태 그리고 환경에 대한 이미지는 관찰자로부터 떨어진 거리에 따라 크기, 형태, 밝기가 다양하게 변한다.

　　　　눈에서 뇌로 전달되는 시각 정보는 거리 요소들에 의하여 바뀌지만 그 형이나 형태에 대한 이미지는 동일하게 남아 있다. 이것은 관찰자의 과거 학습 또는 경험이 현재의 지각에 영향을 끼친다는 것을 의미한다. 즉 망막에서 일어나는 변화나 모호함에 관계없이 사물에 대해 지속적이고 고정적인 인식을 하고 있다는 것이다. 이러한 것을 시지각의 항상성이라고 하는데 크기의 항상성, 형의 항상성, 밝기와 색의 항상성으로 구분할 수 있다.

거리 요소
거리에 의한 크기, 형, 형태, 밝기의 상대적인 변화

공간감이 살아 있는 열기구

자연의 입체 공간

2. 자연에서 본 조형 원리

1) 통일성 unity

통일은 기본적인 주제가 다양한 변화를 통해 드러나는 것으로
형태의 일관성이나 일관된 패턴 등의 유사성을 뜻하는 말이다.
사전적 의미로 통합, 결합, 일관성, 단일성 등을 의미하며 통일
된 이미지의 표현인 통일성은 '규칙'에 가깝다. 또한 디자인이
가지고 있는 여러 다양한 요소들이 조화롭게 존재함을 의미하
며 한 화면 속의 정돈과 안정감, 질서감, 균형감 등을 뜻한다.
감각적으로나 실제적으로 형, 색, 양, 재료 및 기술 등 미적 관
계의 결합이나 질서를 의미하기도 한다. 즉 부분적인 것보다는
하나의 전체를 바라볼 수 있어야 한다는 것이다. 이와 같은 의
미로 '조화'라는 말이 있다.

유사한 형태에서 느껴지는 조화·통일성

2) 강조 emphasis

시각적인 힘의 강약에 단계를 주어서 각 부분을 구성하면 강조
를 나타낼 수 있다. 강조의 표현을 의도적으로 변화를 주거나 불
규칙하게 만듦으로써 전체에 어떤 악센트accent를 조성할 수 있
다. 디자이너가 가장 경계해야 할 것은 지루함이며 그 지루함을
해소시킬 수 있는 것이 바로 강조이다.

　　　　　디자이너의 일은 보는 사람의 주의를 집중시켜 어
떤 시각적 만족을 제공함으로써 그들을 자극시키는 패턴을 제
공하는 것이다. 이것은 주의를 환기시켜 보는 사람들로 하여금
더욱 관심있게 볼 수 있도록 해 준다.

꽃에서 볼 수 있는 **형태 강조**

꽃에서 볼 수 있는 **색상 강조**

학생 작품 자연물과 다면체를 대비한 **강조 효과**

3) 균형 balance

평형 또는 상응相應이라고도 하며, 부분과 부분의 중량 관계에 있어서 역할적인 평형상태를 뜻한다.

즉 두 개 이상의 요소가 부분과 부분 또는 전체 사이에 시각적으로 힘이 고르게 분산되어 있으면 보는 사람에게 안정감을 느끼게 하는 것이다.

이것은 모든 생물체의 생존에 적용되는 필수적인 원리이기도 하다. 균형이 잡혔다는 것은 자연스러운 평형이 유지되었음을 의미하기 때문이다.

전체적인 통일을 위한 또 한 가지의 방법으로서 대칭과 비대칭, 비례, 주도와 종속 등이 어우러져 함께 균형을 나타내기도 한다.

대칭 균형을 이루고 있는 식물과 고딕 건축물

자연의 입체 공간

4) 비례 proportion

비례는 상대적인 크기 즉, 다른 요소나 어떤 정신적 규범, 기준과 대비해서 측정한 크기를 뜻한다. 물건의 크기나 길이에 대한 양의 관계를 가리키는 말로서, 조화의 근본이 되는 균형을 의미하기도 한다.

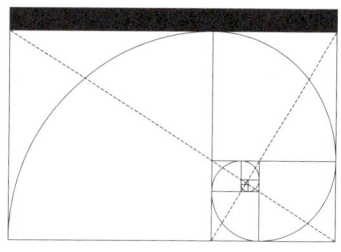

황금 비례 도면

꽃잎과 꽃의 비

황금 비례를 이용한 분수

조개껍질과 호박 넝쿨의 나선형

5) 동세 movement

회화에서 '무브망mouvement'이라는 것은 동세movement를 뜻하는 프랑스어로 조형예술 작품에 옮겨진 대상의 움직임을 뜻한다. 그러나 정지되어 있는 인쇄물이나 회화, 조각에서는 동세의 어느 한순간만을 표현하므로 그 전후를 암시적으로 파악하는 수밖에 없다. 무브망이라는 말은 흔히 조형 자체의 동세를 가리키는 말로서 곡선이나 사선이 다이내믹dynamic하게 배치되거나 색이나 모양이 리드미컬rhythmical하게 배치될 때의 움직임과 관련된 느낌이다. 최근에는 전광판, 컴퓨터 동영상, 휴대전화에서도 사용되는 모션 그래픽motion graphic, 빛이 새로운 요소로 더해진 키네틱아트kinetic art 등의 등장으로 동세에 새로운 의미가 부여되고 있다. 본래 정지된 이미지인 2차원의 그림에 운동감을 부여하려는 시도는 선사시대부터 계속되어 온 일이지만 이런 움직임은 실제적인 움직임이 없는 하나의 암시일 뿐이다. 원시인들은 동굴벽에 그림을 그릴 때에도 동물의 특징적인 움직임을 인식하고 있었다. 움직임에 대한 관심은 추상적인 형태에서도 나타나는데 특히 옵아트Op Art에서 쉽게 찾아볼 수 있다. 이 이미지들은 윤곽선이 확실하고 단순한 기하학적 형들의 반복적 패턴으로서 머리나 기억이 아닌 망막을 포함한 눈의 구조적 특징을 이용한 일종의 착시이다.

　　　　동세를 표현하기 위한 방법으로는 방향, 기울기, 회전, 집중, 흔들림, 반복, 진동, 색채 등의 특징적인 요소를 찾아내어 이를 강조하거나 과장하여 표현하는 것이 효과적이다.

키네틱아트 kinetic art
움직임을 주요소로 한 작품. 작품 속에 운동감을 표현하거나 옵아트Op Art처럼 시각적인 변화를 나타내는 것과 달리, 작품 그 자체가 움직이거나 또는 움직이는 부분이 조립되어 있는 미술 작품이다. 따라서 작품은 거의가 조각의 형태를 취하고 있다.

옵아트 op art
옵티컬 아트optical art, 즉 '시각적인 미술'의 양식이다. 1960년대 미국에서 일어난 추상 미술의 한 동향으로 당시 팝아트pop art의 문학적 상업성이나 상징성에 대한 반동적 성격을 가지고 있다.따라서 옵아트는 미술품의 관념적인 향수를 거부하고 순수하게 시각적으로만 작품을 제작하고자 했으며, 다이내믹한 빛과 색의 가능성을 추구했다.

강서대묘 현실 동벽 고구려 6세기 후반~7세기 전반, 평안남도 강서군 우현리

6) 리듬 rhythm

리듬은 움직임을 감각적으로 표현할 수 있는 조형 방법의 하나로서 청각과 관련된 원리이다. 리듬이란 통일성을 기본으로 하는 감각적 또는 동적인 변화를 뜻한다.

　　　　　동일한 요소나 유사한 요소에 규칙적 또는 주기적인 일정한 질서를 주었을 때 느낄 수 있는 율동이다. 이는 시각 요소의 배열에 따라 시선이 이동하면서 변화의 흥미를 보이는 동적인 표현으로 간격이 일정한 리듬, 단계적인 리듬, 불규칙한 리듬 등이 있다. 반복, 점이, 강조 등은 리듬감을 살리는 좋은 표현 방법이다.

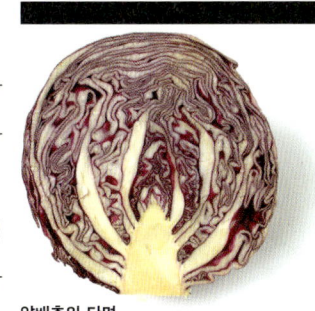

양배추의 단면

강가 뻘의 리듬

은하계의 리듬

3. 인간과 자연 그리고 환경

1) 인간 man

창조적인 인간은 언제나 문제 해결을 위한 영감의 근원을 자연에서 추구하였고, 자연이 빚어내는 아름다운 현상들 속에서 미의식 및 미의 형식적인 조형 질서와 요소들을 발견했다. 자연의 아름다움은 인간의 모든 창조 활동의 원천이 될 뿐 아니라 우리들의 정서와 감정을 순화시키고 풍부하게 해 준다.

　　　　　인간은 아름다운 형태를 만들어 내기 위한 가장 기본적인 문제로 비례에 관심을 보였으며 그것을 인체에서 찾아낸 레오나르도 다빈치Leonardo da Vinci의 유명한 스케치에서 이를 찾아볼 수 있다. 비트루비우스 폴리오Marcus Vitruvius Pollio가 쓴

인체 비례를 설명한 글에서 "이처럼 자연이 낸 인체의 중심은 배꼽이다. 등을 대고 누워서 팔다리를 뻗은 다음 컴퍼스 중심을 배꼽에 맞추고 원을 돌리면 두 팔의 손가락 끝과 두 발의 발가락 끝이 원에 붙는다. 정사각형으로도 가능하다. 사람 키를 발바닥에서 정수리까지 잰 길이는 두 팔을 가로 벌린 너비와 같기 때문이다."를 읽고 레오나르도 다빈치가 그린 것이다.

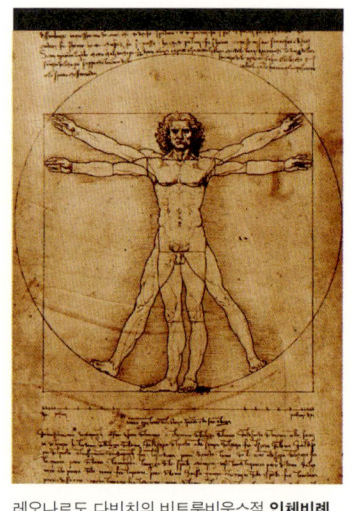
레오나르도 다빈치의 비트루비우스적 **인체비례**

2) 자연nature과 환경environment

자연은 오랜 기간을 통해 자연계의 변화에 순응하기 위하여 끊임없이 변화하여 가장 합리적인 모양을 만들어 왔으며, 이것은 인간의 의지나 요구에 관계없이 형성되어 왔다.

자연환경은 리듬을 타며 규칙적으로 상호 연관되어 있다. 어떠한 상태에 그대로 머물러 있지 않고 끊임없이 운동하거나 변화하여 우리들에게 무한한 조형 활동의 소재를 제공한다. 조형 표현 수단으로서 자연의 형태를 재현하려는 시도는 고대부터 지금까지 계속되고 있다.

다양한 상상력을 제공하는 구름

자연의 형태를 이용한 여러 가지 입체물

2장 입체와 공간 탐구

1. 평면에서 입체로

'평면에서 입체로'의 교육 목표는 평면이 간단하게 입체가 되는 과정을 이해하고, 입체물을 만드는 여러 가지 흥미로운 방법을 탐구하는 데 있다. 궁극적으로 평면에서 입체화되는 개념과 기법을 이해하여 다른 입체 조형 형태와 구조물을 만드는 데 적용할 수 있어야 한다. 즉 이와 같은 조형 탐구를 포장 디자인과 그 밖의 입체 구성에 적용시키고 또한 나무나 철판 등의 견고한 형태로 확장하여 건축이나 환경 구조물로의 변형을 모색한다.

1) 평면과 입체의 개념

디자인, 건축, 미술에서 면Plane은 형태를 만드는 매우 중요한 요소이다. 일반적으로 입체에서 면은 3차원적 외곽을 만들고 닫혀진 공간에 부피를 만들기 위해 사용되는데 이 장에서는 2차원인 평면에서 쉽게 3차원 입체로의 전환을 탐구한다. 개념적으로 평면은 길이와 넓이를 갖는 2차원이며 선이 한 위치에서 다른 위치로 이동함에 따라 생성된다. 수학적으로 정의하면 면은 깊이가 없고 길이와 넓이를 가지며 선에 의해 경계 지워진 평평한 표면이다.

개념적 의미에서 입체는 면이 그 자체가 갖고 있는 방향이 아닌 다른 방향으로 움직인 상태로 정의된다. 반면 수학적 의미에서 입체는 면이 움직인 것으로 설명된다. 면이 움직이면 3차원의 공간에서 깊이와 폭을 가지며 3차원의 형태가 만들어진다. 아래의 그림은 공간에서 어떻게 점이 선을 만들고 면이 입체가 되는지 개념적 정의를 보여 준다. 점dot, point은 위치나 장소만을 정의하는 것으로 0차원이며, 선line은 공간에서 움직이는 점이며 길이의 1차원을 갖는다. 선은 길이와 넓이를 갖는 2차원인 면을 만들고, 면이 이동함으로써 부피를 갖는 3차원의 입체가 생성된다.

입체와 공간 탐구

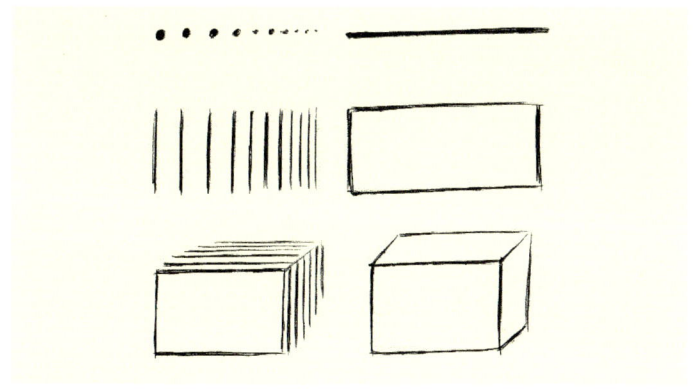

점, 선, 면, 입체의 관계

평면은 일반적으로 사변형의 형태를 가리키며 깊이가 없고 높이와 폭을 갖는 2차원적 요소로서 바닥이나 화면에 평평한 상태로 놓여 있다. 이러한 평면을 세우기, 말기, 접기 등 3차원의 깊이를 갖는 입체와 공간 형태로 만들 수 있다. '평면에서 입체로'는 직접적으로 접거나 말기, 구기기 등을 통해 평면에 깊이와 폭, 공간 등이 생겨 3차원의 입체로 변화되는 과정을 실험한다. '평면에서 입체로'의 3차원의 구성 요소는 평면에 존재하는 조형 요소와 그 요소들의 내부와 외부 관계를 구성하는 폭, 깊이, 공간들을 여러 시각에서 구성해 본 개념으로 이해되어야 한다. 입체에서 시각적인 요소는 선과 면, 명암과 질감 외에도 부피, 깊이, 폭, 거리, 사이, 관계, 맥락, 공간의 3차원으로 이루어진다.

2차원 평면으로부터 입체로의 시각적 구성에서 어떻게 입체화하느냐에 따라 다양한 폭과 깊이, 명암 관계가 드러난다. 입체물에서 깊이와 명암, 공간 등은 접거나 세워 공간을 분할하는 과정에서 만들어지며, 2개 이상의 면에 의해 다양한 새로운 공간이 만들어진다. 3차원 입체에서의 평면과 입체의 관계를 보면서 양과 음의 전환, 접근, 분리, 겹침, 통합, 교차, 열림, 닫힘의 형태와 공간 등등을 탐구할 수 있다.

그리고 3차원의 입체 공간에서 빛과 명암의 효과는 깊이감과 입체감, 공간감을 더욱 풍부하게 보여 준다. 입체

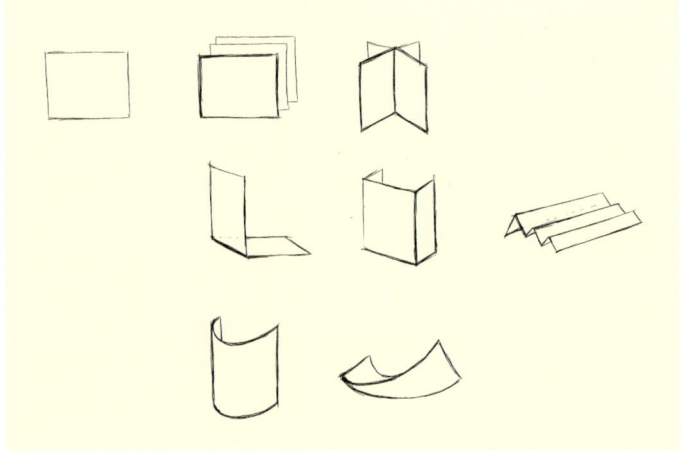

평면에서 입체로

공간에서의 밝고 어두움의 명암은 들어가고 나온, 열리고 닫힌 반복 구성의 분명한 강약으로 입체물에 리듬감을 주며 이때 빛과 음영의 효과가 매우 크기 때문에 평면에서 3차원의 구조물로 만들 때 반드시 고려해야 한다. 면과 크기, 방향의 변화에 따른 밝고 어두운 명암은 다양한 깊이와 부피를 형성하여 깊이감과 공간감의 감각을 기르게 한다.

평면에서 입체로의 실험 작품 **2차원의 평면을 접고, 오리고, 세워서 입체로 전환**

2) 평면의 입체화 기법

평면의 입체화는 단순한 2차원의 평면에서 출발한다. 접기, 말기, 자르기, 뚫기 등등의 다양한 방법을 이용하여 3차원의 입체와 공간을 만드는데, 그 공간은 대부분 비어 있는 열린 구조일 수 있다. 표현 목표는 평면과 공간의 관계를 이해하고 발전시키면서 시각적 균형으로서 디자인의 요소와 원리를 함께 깨우치는 것이다. 궁극적으로 평면에서 입체로의 실험작을 통해 디자인의 요소인 선, 면, 명암, 질감 등은 물론이고 디자인의 원리인 통일과 변화, 대비와 조화가 균형을 이루는지 분석해 보면서 입체감과 공간감을 기른다.

　　　　종이는 평면에서 입체화하기에 무한한 가능성을 지닌, 가장 손쉬운 재료이다. 종이가 가진 탄성과 특성으로 인해 종이를 입체화하면 조형적으로 매우 흥미롭고 또한 우연의 효과를 얻을 수 있다. 우리가 사용하고 있는 종이는 AD 105년 중국 후한의 채륜이 발명한 것으로 질 좋은 식물성 섬유를 원료로 하였다. 그로부터 천 년 후 서양의 급속한 과학 기술은 종이 만드는 기술을 발전시켰으며 1450년에 구텐베르크의 금속활자 발명을 계기로 종이 사용은 대중화, 보편화되었다. 이후 종이는 현대에 이르기까지 조형 언어를 표현하는 재료로서 가장 친근하게 사용되고 있다. 종이는 지금까지 만들어진 재료 중 가장 가격이 싼 기초 재료로서, 대량생산이 가능하고 금속보다 훨씬 가볍다. 가연성과 불가연성이 모두 가능하고 얇아도 장력이 강하며 충격에도 잘 견딘다. 접어 꺾기가 가능하고 거칠거나 매끄럽기도 하다. 일광, 기온, 노화 등에도 잘 견디고 가공이 다양하다.

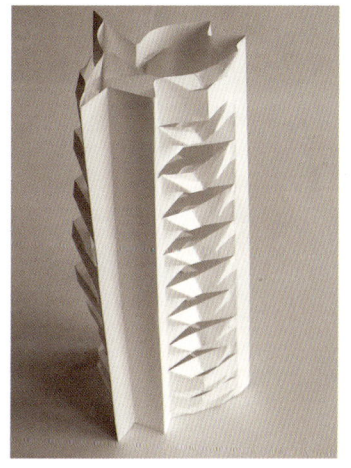

평면에서 입체로의 실험 작품
빛에 따라 다양한 명암과 공간감 표출

종이의 다양한 성질과 특성을 이용하면 다양한 입체 구성의 형상화가 가능하다. 평면의 종이에서 입체화하는 작업의 기법과 표현 방법들은 다음과 같다.

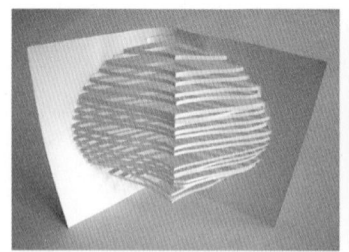

평면의 입체화 기법 **오려내고 접기**

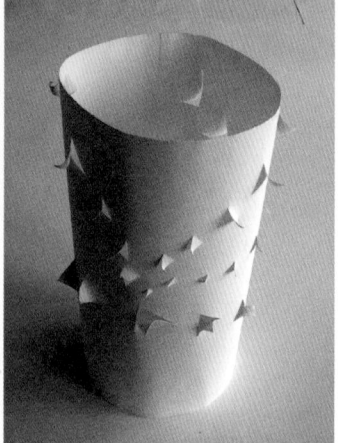

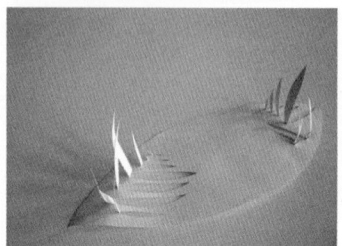

평면의 입체화 기법 **접기**, **말기**, **쌓기**, **끼우기**, **세우기**

2장   입체와 공간 탐구

평면의 입체화 기법 **접기, 말기, 끼우기, 세우기**

접기	말기	자르기
구기기	쌓기	찢기
엮기	끼우기	세우기
붙이기	구부리기, 휘기	오그리기
말아 올리기	잘라내기	구멍 내기, 뚫기
구기기	잡아당기기	비틀기
잇기	짝짓기	

평면의 입체화 기법 **말기, 끼우기**

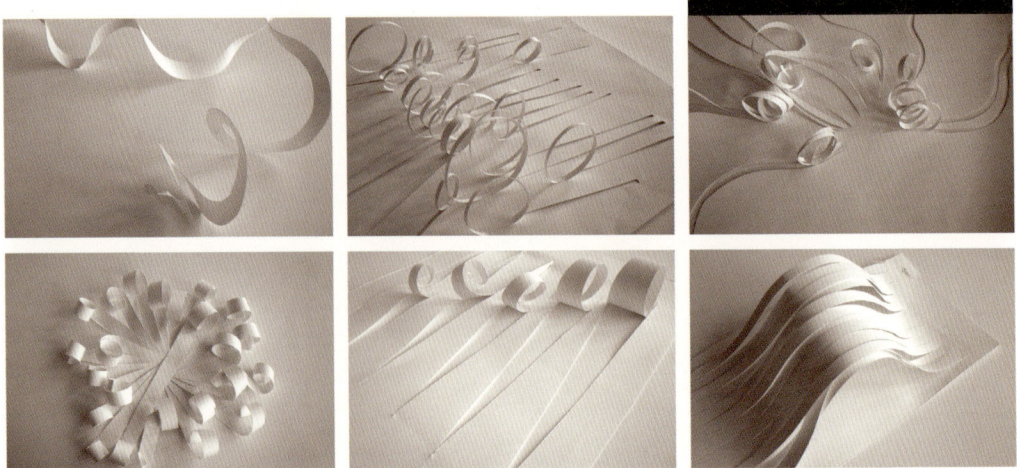

평면의 입체화 기법 **말아 올리기**

평면의 입체화 기법 **엮기, 끼우기, 비틀기**

평면의 입체화 기법 **잘라내기, 찢기, 뚫기**

평면인 종이를 오려내고 찢고 접거나 늘어트리는 공간적인 구조로 입체화하는 실험을 통해 평면과 입체의 관계를 이해하고 전체적인 입체감과 구조가 긴장감 있게 구성되도록 한다. 종이 형태를 어떻게 세우거나 늘어트리고, 혹은 어떤 방향에서 보느냐에 따라 다양한 입체의 형태가 만들어지며 시각적인 즐거움을 준다. 작업 과정에서 형태와 간격의 반복과 변화는 적절해야 하고, 방향과 크기의 대비는 전체와 부분이 서로 조화와 균형을 이루도록 한다.

평면의 입체화 기법 **자르기의 다양한 구성**

3) 평면에서 입체화로

(1) 오리고 말기

표현 목표

표현 목표는 종이의 유연성과 고정성의 성질을 적절히 활용한 종이 말기 입체 구성으로서 흥미로운 곡면과 동세의 조형성을 창출하는 것이다. 평면의 종이를 오리고 말아 흥미로우면서도 복잡한 곡면의 입체를 만들 수 있어서 조형 감각을 키울 수 있다.

재료 및 도구

　　　표현 재료로서 종이는 휘거나 뒤집어 접을 수 있기 때문에 뜻밖의 아름다운 곡면 형태를 얻을 수 있다. 2차원의 소재로서 종이만큼 쉽게 접고 휠 수 있는 재료는 드물며 종이를 오려내기 위한 도구로는 칼을 사용한다.

표현 조건 및 포인트

　　　평면에서 입체화를 시도할 때, 크기와 비례, 선의 흐름과 명암 등의 조형적 요소를 살펴 가면서 작업한다. 그리고 말아서 만들어진 면의 입체화가 경쾌하면서도 역동성을 주도록 형태를 구성한다. 종이를 말거나 휜 형태의 자연스러운 곡선에 의한 구조와 우연한 추상 형태를 조형의 요소와 원리에 적용해서 다음과 같이 평가한다.

　　　□ 전체 형태에서 직선과 곡선의 대비
　　　□ 오려낸 선의 반복
　　　□ 크기(짧은 선, 긴선)의 점이Gradation
　　　□ 방향의 점이와 수직, 수평, 사선 방향의 대비
　　　□ 명암 단계의 점이와 그에 따른 깊이감과 공간감
　　　□ 선적인 질감과 면적인 질감
　　　□ 명암의 균형과 대비의 조화

학생 작품 **오리고 말기**

(2) 엮기

표현 목표

표현 목표는 종이의 물리적 특성인 탄성彈性, 역성易姓을 활용하여 복잡하면서도 다양한 입체 형태를 만들어 가면서 입체 구성 감각을 키우는 것이다.

재료 및 도구

표현 재료는 오려서 엮기를 다양하게 연출할 수 있는 색지로 한다. 엮는 방법에 따라 얻기 어려운 형태인 추상적인 형태에서부터 구상적인 형태까지 다양한 형태들을 얻을 수 있다.

표현 조건 및 포인트

□ 기하학적 형태 표현의 입체화

가로와 세로 엮기를 이용해 기하학적 형태를 구성하면서 조형의 요소와 원리에 적합한 구성을 연출한다.

□ 구체적 형태 표현의 입체화

구체적 형상을 연상시킬 수 있는 형태를 엮거나 짜서 표현해 본다.

 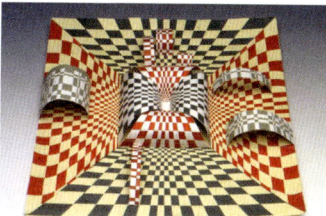 

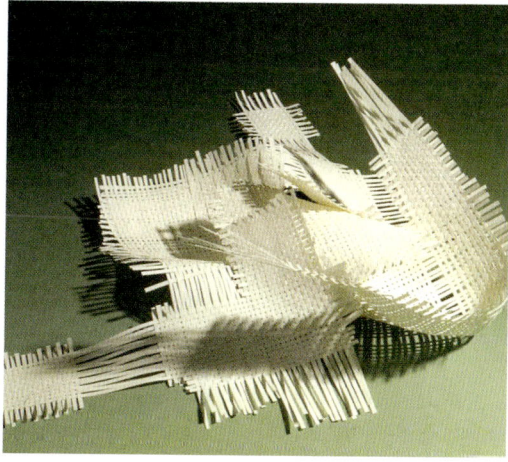 

학생 작품 **엮기**

입체 구성을 한 뒤에 전체적인 구도가 잘 짜여졌는지, 평면과 달리 입체 조형에 대한 이해가 충분한지, 엮기의 표현 기법을 조형성에 적절하게 구현하였는지 평가한다. 완성된 입체 구성에서 입체적인 형태의 들어가고 나온 내부와 외부가 형성되면서 그로 인한 통일과 변화, 반복과 대비가 균형과 조화를 이루는지 평가한다.

(3) 오리고 접기

표현 목표

표현 목표는 얇게 접혀진 평면의 종이를 펼치면 안에서 생각지도 못했던 다양한 입체 형태가 앞으로 돌출해 나오도록 구성해서 입체 감각과 전체적인 구성 능력을 기르는 것이다.

재료 및 도구

재료는 어느 정도 두께를 가진 종이가 좋고 종이를 잘 다룰 수 있는 칼, 자, 연필이 필요하며 종이의 대칭인 두 면의 두께나 높이를 규칙적으로 잘라 직각으로 접어서 세운다.

학생 작품 **오리고 접기**

입체와 공간 탐구

표현 조건 및 포인트

　　　　　제작 방법은 의도하고자 하는 입체 형태를 종이 위에 그린다. 입체 형태는 두께가 있는 절단선과 접음선의 간격을 두어야 하고 명확해야 한다. 주가 되는 접음선과 부가 되는 접음선은 항상 대칭이어야 한다. 처음에 간단한 형태로부터 점차 복잡한 형태로 전개해 보고 평가한다.

　　　　　□ 오려내고 접은 선의 반복과 대비
　　　　　□ 전체 구성에서 직선과 다양한 형태의 대비와 균형
　　　　　□ 선의 수직, 수평, 사선 방향의 대비
　　　　　□ 선적인 면과 면적인 선의 대비
　　　　　□ 선적인 질감과 면적인 질감에 의한 명암의 대비

(4) 접기와 끼우기

표현 목표

　　　　　표현 목표는 접기와 끼우기의 원리를 응용하여 무게를 지탱할 수 있는 내구력을 가진 입체물이나 앉는 의자를 만드는 것이다. 이 과정을 통해 논리적이고 구조적인 조형력을 기를 수 있다.

재료 및 도구

　　　　　표현 재료는 접기와 끼우기의 구조적 연속성으로 인해 구조적 강도를 갖는 골판지 종류로 하고 칼과 자 등이 필요하다.

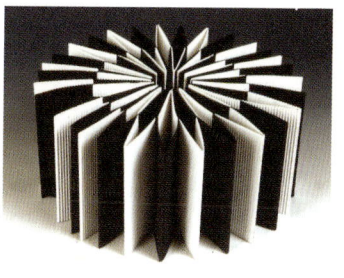

표현 조건 및 포인트

　　　　　접기와 끼우기는 가장 단순한 접기에서 출발해, 하나의 구조적 이고 기능적인 입체가 이루어지도록 하는 적극적인 시도가 중요하다. 끼우기의 구조가 부분적으로 드러날 수도 있으며 최종적인 구조물은 심미성을 가져야 한다. 제작 과정과 완성작 평가는 평면을 접어서 입체를 만드는 우연한 착상이 또 다른 하나의 형으로 이루어졌는지, 또한 접기의 구조에 의하여 외력에 강한 힘의 관계를 획득하여 임시용 의자나 수납공간으로 사용할 수 있는지 평가한다. 접기 와 끼우기의 조합은 그 구조를 만드는 내부가 부분적으로 닫힌 구조일 수 있으며 또는 비어 있고 내부와 외부가 열린 구조일 수도 있다. 따라서 세로축과 가로축 이 혼합되어 접고 끼우는 종이 구조의 패턴은 아름다우며 동시에 견고한 입체 기 둥이 되었는지 평가한다.

학생 작품 **접기와 끼우기**

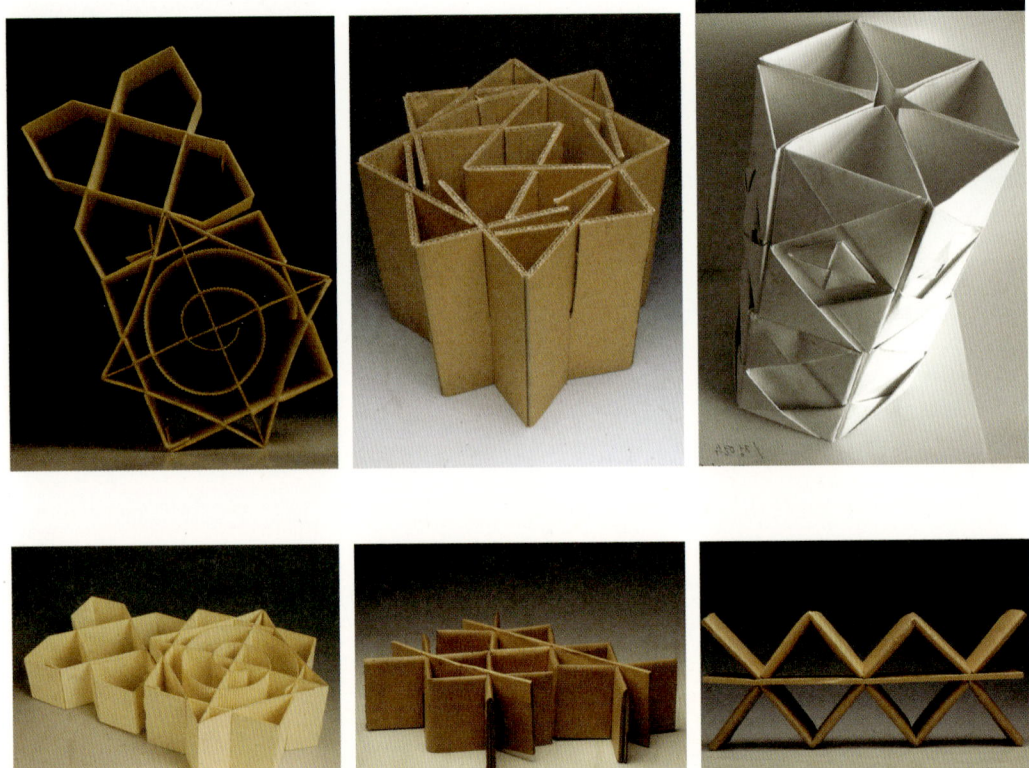

학생 작품 **접기와 끼우기**

입체와 공간 탐구

프랭크 게리 Frank O. Gehry, Wiggle
SideChair_81×37×62.5cm_1972-1992

안도 다다오, 효고현립 미술관

평면에서 입체로, 입체에서 평면으로의 작업은 포장지나 접는 의자 등등 일상생활에서 쉽게 접할 수 있다. 오늘날 뿐만 아니라 우리 조상의 생활 속에서도 이러한 지혜는 오히려 더 잘 드러나는데 물건을 싸서 보관하고 운반하기 편한 보자기, 쉽게 개고 펼 수 있는 이부자리, 공간 활용을 적극적으로 돕는 병풍 등은 얼마든지 변형이 가능하다. 또한 평면에서 입체로 전환한 조형을 연상하게 하는 건축과 환경 조각물, 혹은 기계의 외형을 덮는 곡면의 커버 등등, 우리 주변의 조형물이나 건축물들을 보면 '평면에서 입체로'의 조형적인 아이디어를 보여 주는 예가 많다. 디자인은 물론 건축이나 환경 속에서 평면으로부터 입체화된 것을 찾아보고 응용된 표현 기법과 기능을 분석해 보자.

2. 선에서 공간으로

선에서 공간으로의 교육 목표는 선의 개념을 이해하고 선형의
공간적 구성을 탐구하는 데 있다. 또한 선형 구조와 공간을 이
해하고 시각적으로 분석 및 해석할 수 있어야 한다. 그리고 선
형 구조의 공간 체험을 환경 구조물로의 변형으로 상상해 보고
전문적인 디자이너, 건축가들이 어떻게 선형의 입체와 공간을
창조하는지 알아본다.

1) 선과 공간의 개념

(1) 선의 개념과 특성
인간의 조형 활동에서 선은 가장 중요한 시각 요소로서 선사시대
의 동굴벽화는 물론 어린이의 자유로운 선 드로잉, 우리 주변의
로고나 선형 구조물 등등 어디서나 쉽게 찾아볼 수 있다. 디자인
에서 선은 형태를 표현하고 창출하는 데 필수적인 요소이다. 선
에 대한 일반적인 정의는 하나의 움직이는 점으로서 선 그 자체
가 움직임과 변화, 질감과 형태, 명암과 공간을 나타낸다는 것이
다. 선은 길이와 넓이를 갖기는 하지만 넓이가 좁고 부피가 없
기 때문에 단지 1차원적인 것으로 인식된다. 수학적으로는 한
점이 연속적으로 움직여 이루어진 자취라고 정의된다.

선의 형태와 성격을 나타내는 다양한 선

입체와 공간 탐구

선의 형은 직선과 곡선, 기하학적 선과 유기적 선, 닫힌 선과 열린 선 등으로 분류할 수 있다. 직선은 인공적인 또는 기하학적인 특성을 지닌다. 차갑고 적극적이며 빠르고 단단한 느낌을 준다. 곡선은 부드러우며 자연스럽고 유기적인 형태를 연상시키며 상대적으로 느리고 부드럽다. 선의 출발과 끝이 있는 열린 선과 사물의 윤곽선이나 세모 네모 동그라미를 그린 선 등과 같이 선의 시작과 끝을 알 수 없는 닫힌 선 등이 있다.

선의 크기, 비례, 규모는 선의 굵기와 길이로 표현할 수 있다. 굵은 선은 강하게, 가는 선은 섬세하게 느껴지고 선의 비례는 길거나 짧은, 굵거나 가는 조형 형태에 큰 영향을 미친다. 이러한 선의 특성은 이동 방향에 따라 더욱 강화될 수 있다. 일반적으로 수직적 구성을 통해 상승감과 긴장감을 추구할 수 있고 사선을 사용하여 강한 역동성과 운동감을 표현하기도 한다. 수평선은 안정되고 평화로우며 정지된 느낌을 준다. 또한 이러한 성격을 가진 선의 방향이 왼쪽·오른쪽이냐, 혹은 위·아래이냐에 따라 긴장, 완화, 안정, 운동, 역동 등의 더욱 강한 시각적 현상을 얻을 수 있다.

만 5세 어린이 그림, 2006

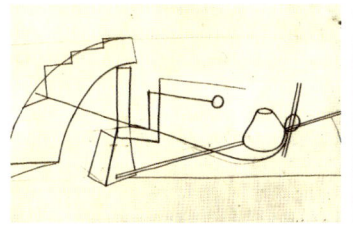

바우하우스에서 칸딘스키Wassily kandinsky 수업 시간의 학생 작품, 1923

바우하우스 학생 한스 하벤리히터Hans Haffenrichter 작품, 1923

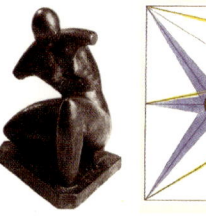

바우하우스에서 클레Paul Klee 수업 시간의 학생 작품, 1927

일반적으로 선은 대상을 묘사하고 재현하기 위한 기본적이고 직관적인 표현수단으로서 아이들의 드로잉이나 선사시대 바위그림처럼 단순한 시각적 형상으로 이해된다. 물체의 윤곽을 드러내는 시각적 인식에서부터 형태의 세부 묘사에 이르기까지 선화는 보고 이해한 것을 전달하고 숙지시킨다. 따라서 선은 시각적 사고나 커뮤니케이션을 다양하게 표현할 수 있고, 수많은 방법으로 아이디어를 구체화할 수 있다. 그리고 선의 형태나 재료에 따라 선 그 자체의 독자적인 감정과 느낌을 표현하고 환기시킬 수 있어 역동적이며 시각적인 표현을 만들어 내기도 한다.

어린이는 물론 화가나 건축가, 디자이너들은 선을 이용하여 사고나 개념, 분위기, 표현, 다양한 정보 등 개성과 독창성을 표출한다. 바우하우스의 수업 시간에 학생들이 그린 작품을 보면 선은 분석적이고 감각적인 표현 수단으로서 시각적 관계의 인식을 드러내는 형상임을 알 수 있다.

(2) 공간의 개념

형태는 선에 의해 나타나고 화면은 선에 의해 분할되며 공간 구조물은 선형의 토대 위에 이루어진다. 선이 입체 형태를 만들고 공간을 나누어 입체적 구조를 갖게 되면 공간의 깊이와 부피를 느낄 수 있고 선의 굵기나 간격의 변화로 공간의 다양한 변화를 줄 수 있다. 어떤 의미에서 공간은 상당히 추상적이고 모호한 개념이지만 일반적으로 공간空間, Space이란 아무 것도 없이 비어있는 영역, 또는 어떤 물체가 존재할 수 있도록 물리적으로 퍼져있는 범위라고 정의된다. 인간은 시각, 청각, 촉각 등의 감각을 통해 공간을 감지하는데 그 중에서도 시각을 통해서 지각되는 공간이 가장 명확하다.

입체와 공간 탐구

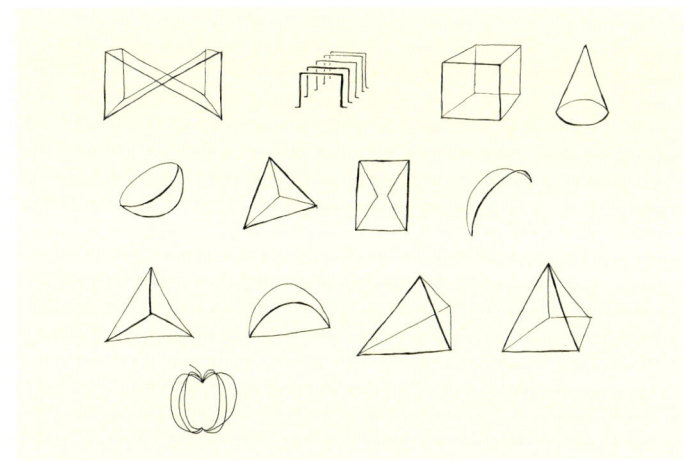

선은 3차원 공간을 형성하는 가장 기초적인 구조로서 구조는 내구력을 요함은 물론 역학적으로 견고하게 구성되어야 한다. 2차원 평면에서 3차원적 선 스케치는 횡적 관계와 종적 관계의 구조, 축의 연결을 의미한다. 각각의 접근 방법들과 구조는 선 드로잉할 때 사물의 모양과 특징에 따라 결정된다.

몇 개의 선에 의한 공간구성

　　　선형 공간의 구성은 공간이나 구조를 이루는 유기적 규칙과 원리의 활용뿐만 아니라 공간구성의 요소인 선과 크기, 질감이나 명암의 활용과 깊은 관련이 있다. 선형 공간에서 선과 크기는 모든 시각 요소들의 근본으로서 3차원에서 구조와 공간을 구성하는 데 활용된다. 3차원 공간에서 명암은 실질적으로 빛과 관련되며 빛과 선형 공간이 이루어내는 명암은 가깝고 먼, 안과 밖 등의 공간감과 깊이감, 거리감 등의 착시를 더욱 흥미롭게 해 준다. 또한 선의 질감 표현이 조형 효과에 미치는 영향을 탐구함으로써 시각적, 촉각적, 감정적 감각을 확장할 수 있다.

공간구성의 요소
선
크기, 비례, 규모
깊이와 공간
질감
빛과 명암

　　　궁극적으로 형태와 공간을 이루는 공간구성의 요소와 공간의 분류에 의한 특징이나 해석을 연구하는 것은 구성력과 창의력을 가져다준다. 공간과 공간의 경계는 선의 분할로써 눈에 보이지 않는 가변적인 공간을 쉽게 분할하여 다각적인 공간으로 구성한다. 선형 공간은 직접적으로 공간을 들여다 볼 수 있는 선형 형태와 구조 자체가 드러난다. 따라서 다층의 공간이 형성된 선형 공간은 포지티브한 공간과 네거티브한 공간, 정적 공간과 동적 공간, 내부 공간과 외부 공간, 비어진 공간과 채워진 공간 등으로 분류할 수 있다.

공간의 분류
양positive의 공간과 음negative의 공간
정적 공간과 동적 공간
내부 공간과 외부 공간
비어진 공간과 채워진 공간

2) 선의 공간구성

(1) 2차원 공간과 3차원 공간

선의 공간구성을 이해하기 위해서는 우선 2차원 공간과 3차원 공간에 대한 이해가 필요하며 서로 다른 차원의 공간과 다층의 공간구성에 대한 탐구가 요구된다. 그리고 선의 형태, 크기와 방향, 명암과 질감 등이 어떻게 다양한 공간으로 표출되는지 분석해야 한다.

2차원의 공간에서 선은 몬드리안의 그림처럼 공간을 나누거나 분할한다. 2차원의 평면에서 선은 조형 표현의 시작을 의미한다. 일반적으로 그림을 그린다는 것은 화면을 나누거나 선 드로잉을 시작함으로써 2차원의 평면에 환영으로서 드러난다. 2차원의 평면에서 선의 반복으로 형상과 공간감이 드러나지만 이것은 실체의 입체와 공간감이 아니라 2차원의 평면에 표현된 환영일 뿐이다. 따라서 이러한 2차원의 그림을 입체와 공간물로 세울 때 선의 구조는 매우 중요하며 구조는 내구력을 요함은 물론 역학적으로 견고하게 구성되어야 한다. 2차원의 평면에서 3차원의 공간을 표현하는 활동은 3차원적 공감각과 창의력을 기르게 한다. 즉 모든 방향에서 보았을 때의 입체와 공

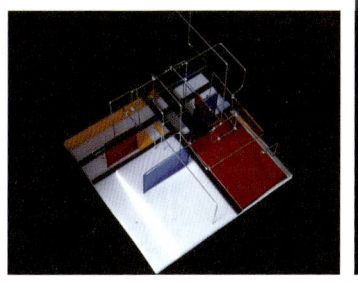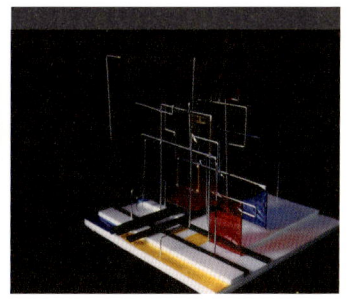

학생 작품 **2차원 공간과 3차원 공간**

간물이라는 것을 상기하고 다각적인 연결과 구조가 자연스럽게 공간구성 속에 표현되어야 하는 것이다.

건축가 미스 반 데어 로에Mies van der Rohe는 학생들을 지도할 때 연필을 잘 깎는 것을 건축 설계의 기본이라고 말한다. 그 이유는 연필 선의 형태, 굵기, 질감과 농도 등이 2차원의 평면과 3차원의 건축물을 형성하는 데 지대한 영향을 미치기 때문이었다. 2차원의 스케치를 실질적인 3차원의 입체와 공간으로 실현시키는 것은 쉽지 않다. 이 문제를 해결하기 위해서는 비범한 착상과 선형 재료에 대한 연구는 물론, 그것을 엮어서 지지해 주는 구조와 3차원적 구성에 대한 이해가 필요하다. 이러한 3차원적 선의 공간구성은 포지티브한 공간과 네거티브한 공간, 내부 공간과 외부 공간, 정적 공간과 동적 공간, 비어진 공간과 채워진 공간으로서 실질적으로 인간이 그 공간 안에서 활동하기 좋도록 미학적이며 기능적으로 잘 구성되어야 한다.

발터 그로피우스Walter Gropius의 학과장 방, 1923

건축과 실내디자인에서 선은 벽과 벽 사이, 벽과 천장 사이, 창과 벽 사이 등등 각각의 면과 형태를 형성하는 3차원적 공간의 경계를 나누고 구획하는 데 사용되며 실질적으로 3차원의 공간을 형성하는 데 선 구조의 기초가 된다.

(2) 포지티브positive와 네거티브negative 공간

선의 공간구성은 선형 구조의 볼륨이나 다층의 공간 구조를 포지티브와 네거티브 공간으로 더욱 돋보이게 한다. 여러 층으로 형성된 포지티브와 네거티브 공간은 적극적이고 소극적인, 열리고 닫힌, 들어가고 나온, 정적이며 동적인, 내부와 외부의, 비워지고 채워진 생동하는 공간을 구성한다. 선과 선형으로 형성된 공간은 생생하게 보이기도 하고 비어 있는 형태가 갖고 있는 효용성과 쾌감을 명확하게 보여 주기도 한다. 그리고 빛과 명암은 선이 반복되어 만들어진 형과 공간, 구조와 공간이 드러나면서 명암의 포지티브와 네거티브의 공간을 형성한다. 아래의 학생 작품에서 포지티브는 선, 선형으로 이루어진 면, 공간(양의 공간)의 흐름으로 나타나고 네거티브는 비어 있음, 투명함, 사이, 공간(음의 공간)의 흐름으로 이해할 수 있다.

학생 작품 **포지티브 공간과 네거티브 공간**
선의 크기와 간격에 따라 다르게 느껴지는 공간감

(3) 내부와 외부의 공간

다층의 선형 공간은 보는 위치에 따라 다양한 내부와 외부의 공간을 동시에 보여 줌으로써 내부와 외부 공간의 착시와 다양한 공간의 층을 만든다. 따라서 각각 다양한 의외의 형상과 공간을 형성하며 부피와 깊이를 보여 줌으로써 내부와 외부의 공간 조형효과를 갖는다. 선은 내부와 외부의 공간에서 부피와 깊이, 그리고 공간의 착시를 만드는 데 효과적으로 사용할 수 있다. 선의 공간구성에서 깊이감과 공간감을 표현하는 시각적 방법에는 선의 형태와 선에 의한 분할, 그들의 크기와 방향에 의한 대비 등이 있다. 선의 형태와 방향, 분할된 공간은 물론 암시된 반복 등은 선으로 이루어진 조형물에서 내부와 외부의 공간을 창출하며 이러한 것들을 그대로 드러낸다. 내부와 외부의 공간구성은 안·밖, 포지티브·네거티브, 비어진·채워진 공간의 유기적인 통합을 분명하고 명확하게 보여 준다.

기존 건물에 선형 구조물과 사다리를 가지고 연출한 선형 공간은 내부와 외부의 공간을 동시에 유기적으로 보여 준다. 선형의 공간구성은 내부와 외부를 투명한 면과 공간으로 거의 다 모든 방향에서 여러 층의 다른 형태들과 공간들을 함께 보여 준다.

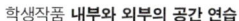
학생작품 **내부와 외부의 공간 연습**

(4) 동적 공간과 정적 공간

선의 공간구성은 반복과 변화에 의한 움직임이 균형을 이루고
부분과 부분, 부분과 전체 사이의 관계가 이상적일 때, 시각적인
리듬감을 주는 동적 공간과 정적 공간의 착시를 동시에 보여 준
다. 아래의 학생 작품에서 선의 공간구성은 리듬감을 수반하며
연속적인 패턴의 느낌을 주어 공간구성 전체를 활기 있게 연결
한다. 선이 나타내는 방향과 형상, 굵기에 따라 각기 다른 느낌
을 주는데 이러한 선의 특성과 느낌을 살려 부각시키면 흥미로
운 운동감을 얻을 수 있다. 그리고 선이 면으로 보여지면서 공간
을 형성하고, 안과 밖의 밝고 어두운 음영이 열려있고 닫힌 정적
인 공간감을 형성한다.

 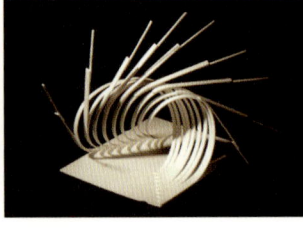 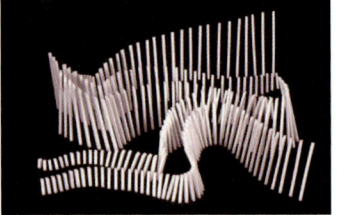

학생 작품 **동적 공간과 정적 공간**

공간구성은 동적 균형과 정적 균형이 적절히 결합
되었을 때, 질서와 안정, 통일감을 느낄 수 있다. 만약 공간구성
에 리듬감이 없다면 부드러운 질서와 운동감을 느끼지 못하며
딱딱하고 어색한 느낌을 준다. 동적 공간에서 운동, 변화, 그라
데이션의 조형적 효과는 적절하게 표현되어야 하며, 좋은 공간
구성이란 정적 공간의 영역을 침범하지 않고 조화를 이루는 동
적 공간을 연출하는 데 있다.

입체와 공간 탐구

(5) 비어진 공간과 채워진 공간

선의 공간은 비어진 공간임과 동시에 채워진 공간으로 구성된
다. 비어진 공간과 채워진 공간은 공간의 구조가 만들어낼 때 흥
미로우며 선형 재료의 장점과 특성을 살려 내구력과 효율성을
떨어뜨리지 않고 디자인하는 것이 중요하다. 동시에 선 구조물
을 관찰함으로써 다양한 선 구조의 여러 가지 효율성과 역학을
분석해 보는 것도 중요하다. 채워지는 선의 형태에 의해 생기는
전체적인 질감과 효과는 다른 재료로 구분되는 질감보다 흥미롭
고 분명한 느낌을 준다. 이렇듯 비어진 공간이든 채워진 공간이
든 선의 공간구성은 분명하고 경쾌한 재질감과 형태, 구조와 공
간을 그대로 보여 주는 즐거움이 있다.

 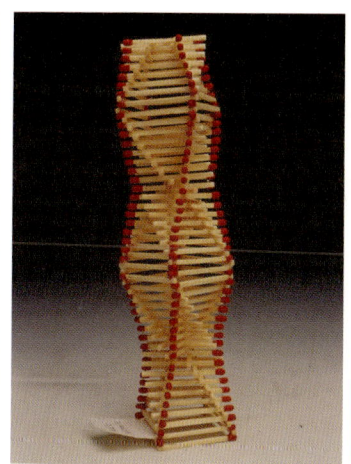 

학생 작품 **선형 구조 공간의 비어진 공간과 채워진 공간표현**

3) 선에서 공간으로

(1) 철사로 간단한 입체 표현하기

표현 목표

　　　　　표현 목표는 쉽게 선의 특성을 이해할 수 있는 표현으로, 이들
이 만들어내는 입체와 공간을 이해하고 최소한의 선으로 3차원의 구조와 공간을
표현하는 방법을 실험하는 데 있다.

재료 및 도구

　　　　　표현 재료는 다루기 쉬운 철사와 철사를 자유롭게 다룰 수 있
는 펜치가 필요하다.

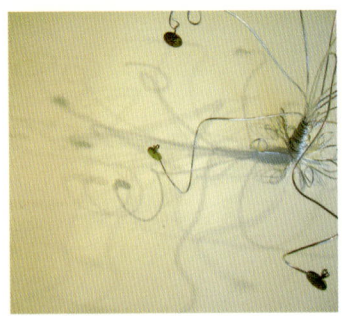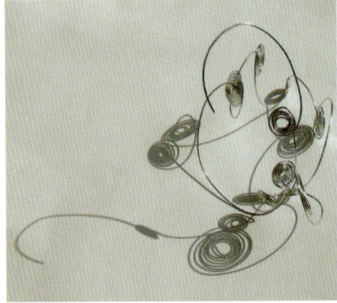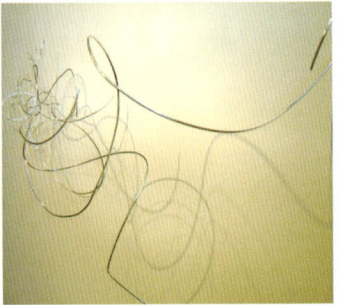

학생 작품 **선형 재료로 자유로이 입체와 공간 표현하기** 부드러움, 거침, 차가움, 따뜻함, 집중과 분산 등

표현 조건 및 포인트

　　　　　자유로운 선의 개념과 선의 형태, 재료와 질감을 이해하기 위하
여 선으로 다양한 감정과 느낌, 질감 표현하기, 선으로 부피와 깊이, 거리를 만들
어 보거나 방향과 운동감을 만들어 보기, 선으로 강약과 집중, 분산을 만드는 선
표현하기 등등 다양하며 이러한 선형 공간구성 과정을 통하여 입체와 공간을 형성
하는 창의력을 높일 수 있다. 작업 과정과 완성작 평가에서는 선이 운동, 정지, 회
전, 휨, 확장 등의 입체 공간구성과 표현하고자 하는 내용을 시각적으로 잘 전달했
는지 분석한다.

　　　　　또한 사람이나 동물 등의 특징을 선으로 자유롭게 표현해 본다.
강한 개성이 드러나는 선은 그리는 사람의 감정이나 느낌을 그대로 전달하며, 거
침없이 대담할 수도 있지만 익숙하지 않은 선으로 신선한 느낌을 줄 수도 있다. 개

성과 감성, 커뮤니케이션에 이용되는 선은 말하거나 쓰는 것만큼이나 다양한 사고와 소통 그리고 감동에 이르도록 한다. 제작 과정과 완성작 평가에서는 시각적인 흥미를 일으키는 다양한 선이 활용되어서 3차원적 질감이나 명암, 추상적이거나 구상적인 형을 개성있게 잘 표현되었는지 평가한다.

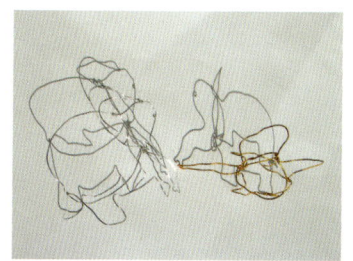 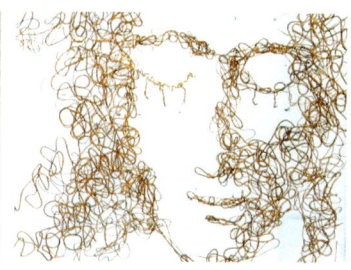 

학생 작품
시각적이고도 촉각적인 선 드로잉은 시각적으로 사고하는 한 과정이라고 볼 수 있다.

(2) 선으로 구상적 구조와 공간 표현하기

표현 목표

표현 목표는 2차원의 평면에서 입체물의 특성을 스케치하고 이것이 입체와 공간물의 구조로 설 수 있게 탐구하는 것이다. 이때 형태의 특성을 선형으로 잘 파악하고 입체와 구조의 관계를 탐구한다. 2차원 평면에서 3차원적으로 형태를 상상하여 보여지도록 스케치하는 연습은 인간의 사고나 시각을 다각적인 측면으로 해석할 수 있는 능력을 기른다.

재료 및 도구

먼저 다양한 종류의 철사를 조사하고 각각의 주제에 적합한 철사를 고르고, 철사를 다룰 수 있는 펜치가 필요하다.

표현 조건 및 포인트

제작 과정은 3차원 형태에서 구조의 토대를 만드는 데 필요한 종선과 횡선의 관계를 탐구한다. 동물이나 사람의 머리, 손 등의 구상적 형태나 추상적 형태를 선으로만 2차원의 평면에 스케치한다. 2차원의 평면 공간에 입체를 스케치할 때 3차원의 구조물로서 사방에서 보여진다는 것을 고려한다. 선 구조물과 그것의 구조적 특성을 이해하며 선 자체를 이루는 재료들에 대한 특성을 파악하여 적극적으로 활용한다.(철사 선 잇기, 나무토막의 구조 등등)

제작 과정과 완성작 평가에서는 공간구성 요소와 원리에 의한 비례와 균형, 선의 형태와 빈 공간으로 보여지는 포지티브와 네거티브의 관계 등이 잘 구현되었는지 평가한다. 선형 구조의 형태와 공간의 들어가고 나옴, 채워지고 비워짐, 내부와 외부 등이 전체 공간 속에서 조화를 이루는지 평가한다. 그리고 선과 선으로 이루어진 면과 공간, 입체 등의 관계를 관찰하고 통일과 변화, 대비와 반복 등이 어떻게 이루어져 있는지 토론한다.

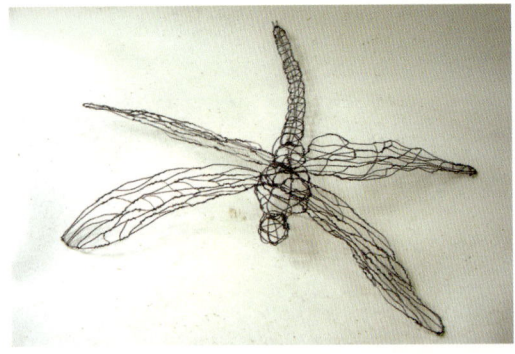 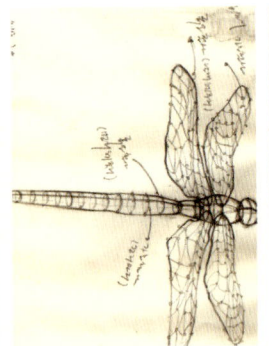 

학생 작품 **구상적 선형 구조와 공간 표현하기**

 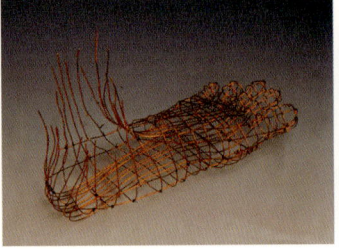 

학생 작품 **구상적 선형 구조와 공간 표현하기**

선의 공간구성은 곧 전체 공간의 구조와 토대를 형성하고 이러한 것들은 미적, 기능적 즐거움을 드러낸다. 선형 공간이 갖추어야 할 형태와 비례, 통일과 변화, 균형 등이 적절할 때 공간구성의 쾌감을 느낄 수 있다. 비례, 균형, 반복과 변화 등의 구성 원리에 맞추어 선재 구성을 해 봄으로써 공간구성의 기초적 훈련이 되도록 한다.

(3) 선형 구조물과 공간 연출하기

표현 목표

표현 목표는 선형 공간 형태를 만들고 연출하여 공간, 깊이, 거리에 대한 지각을 기르는 데 있다. 선을 이용한 3차원적 공간을 탐구하고 다양한 공간 분석을 통해 공간감과 깊이의 개념을 이해한다. 3차원적으로 지각되는 다층의 공간과 전체 공간간의 조화를 관찰하며, 다양한 공간 속에 내재된 조형적 질서를 이해한다.

입체와 공간 탐구

재료 및 도구

표현 재료로서는 선형의 공간을 연출할 수 있는 선적인 것이면 무엇이든지 좋다. 즉 구조물을 제작할 수 있는 재료로서는 다루기 쉬운 얇은 판지로서 폼보드 등이 좋고, 철사 등을 이용해도 좋다. 공간을 연출하면서 체험하는 공간감과 깊이감의 기록은 카메라를 이용한다.

표현 조건 및 포인트

작업의 과정은 각자 제작한 선형 공간과 실제의 자연 공간의 결합을 통한 공간 연습이다. 만들어진 선형 공간을 토대로 인공과 자연으로 확대해가는 공간 체험을 통하여 조형의 요소와 원리를 깨달으며 공간감에 대한 지각을 기른다.

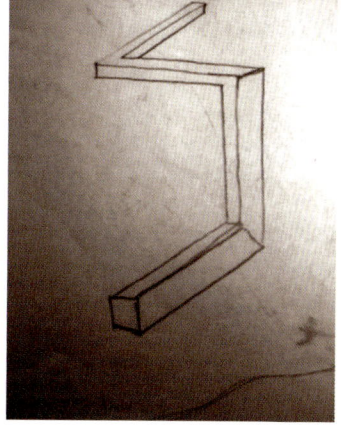

☐ 3차원적 공간을 연출할 수 있는 흥미로운 선형을 제작한다.
  제작하기 전에 2차원의 평면에서 스케치를 한다.
☐ 선에 의한 다층의 공간구성을 위한 다음의 공간의 특징과 선의 특징을 이해하며 선형 공간을 구상한다.

공간의 특징	선의 특징
포지티브 & 네거티브	1-3차원의 선
동적 & 정적	기하학적 & 유기적
내부의 & 외부의	닫힌 & 열린
비어진 & 채워진	

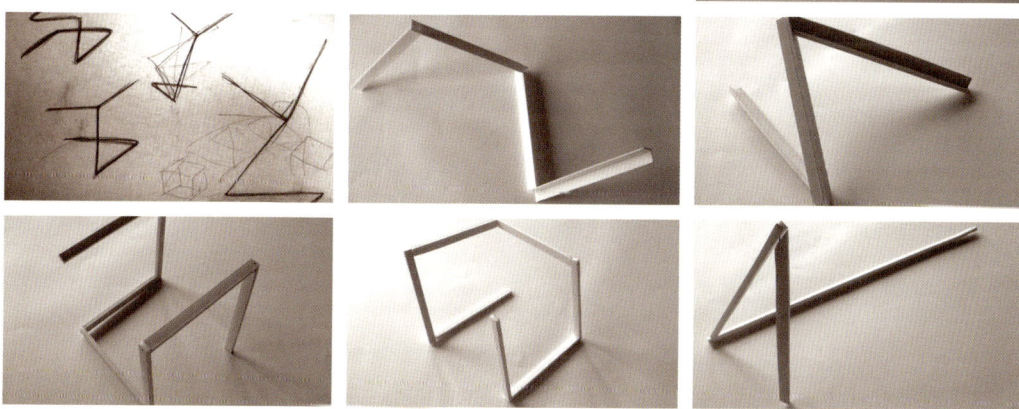

학생 작품 **깊이의 공간감을 표현하기 위한 아이디어 스케치와 선형 구조물**

학생 작품 **실제공간에서 깊이의 공간감을 표현**

□ 선형 공간을 완성한 후에 건물의 실내, 실외 공간, 자연 공간
  등등 실질적인 공간에 놓아보고 다양한 공간과 공간의 착시를
  탐구한다.

□ 동일하게 주어진 선형 공간과 다양한 공간으로 펼쳐지는 외
  부의 자연 공간을 연출하고 사진으로 기록을 남긴다.

□ 다층의 공간 속에서 포지티브와 네거티브, 동적과 정적, 내
  부와 외부, 비어진과 채워진 공간의 관계를 고려하고 각도에
  따라 변하는 시각 구조의 다양성을 경험한다.

□ 제작된 선형 공간과 자연 공간의 통일과 변화 등 연관성을
  탐구하고 다양한 공간감에 대해 토론한다.

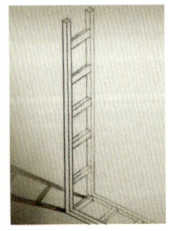

학생 작품
사다리 구조물의 제작 및 공간 배치에 의한 연출로써 선을 이용한 3차원 공간 탐구, 다양한 공간 분석, 공간감, 깊이감 등이 잘 표현되었다. 사다리와
실내외 공간에서 시점의 전환, 카메라 등에 의한 착시 효과를 이용하여 흥미로운 공간 연출을 하였고 실내외 공간에서 면과 사다리를 다양하게
배치하여 각 공간에서의 공간감과 거리감, 깊이감이 살아나고 있다. 실제 사다리 한쪽 끝을 카메라에 바짝 대고 가까운 곳을 더 크게 그리고 먼 곳으로
갈수록 더 작아지게 처리하여 공간감과 깊이감을 강조하였다. 사다리의 시점과 각도에 따른 거리감과 원근감, 깊이감 등은 실제 제작한 구조물을
통하여 자세히 경험할 수 있었고 실내외 배경을 연출함으로써 흥미로운 공간구성을 기록으로 남기게 되었다.

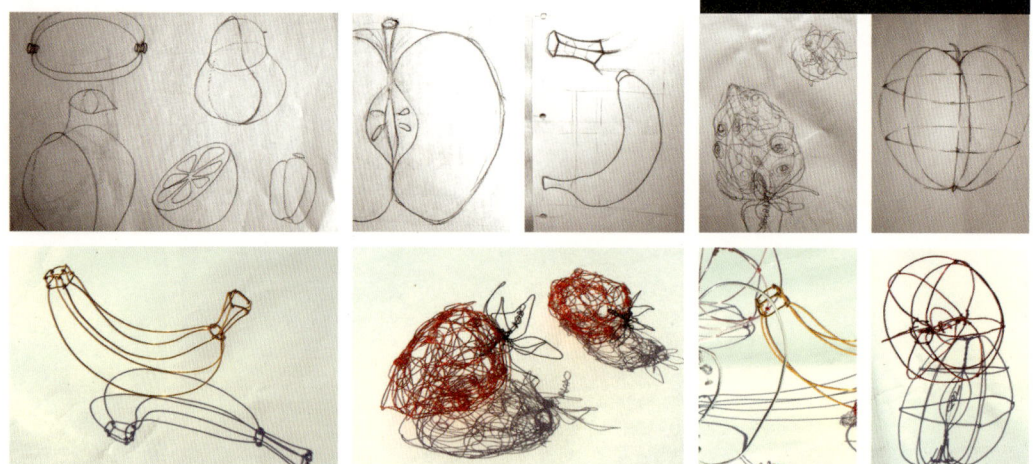

학생 작품

유기적인 과일의 선형 공간을 제작하여 빛과 그림자, 물체와 실루엣 등의 요소를 조화시키면서 공간 연출을 표현했다. 과일의 구조적인 선이 어느 방향에서 보더라도 과일의 특징을 정확하게 표현하고 있으며 과일의 선형 공간을 실제 과일과 함께 주변의 자연이나 구조물과 잘 어울어지도록 하였다. 과일의 선형 공간 구성을 통과해 나가는 빛과 그 빛에 의해 만들어지는 그림자를 통해 과일 선형 공간물과 바닥 평면에서 그림자로 구성된 선 구성의 대비가 공간감의 효과를 뚜렷하게 해 주었다. 실제 과일의 볼륨감과 과일 형태의 선형 공간의 구조물과의 대비를 통해 카메라의 시각을 통해 공간감과 거리감, 입체감과 볼륨감 등이 잘 표현되었다. 실제 과일이 존재하는 자연 공간과 인공 구조물 등의 환경에서 공간 연출을 해 보면서 과일의 유기적인 선의 대비에 의한 다양한 공간을 연출하였다.

(4) 현대 생활과 선의 공간구성

선 공간 구조물은 건축, 실내, 제품, 포장, 디스플레이, 전시 디
자인에서 다양하게 응용되고 있으며 실제로 환경 속에 놓여 있
는 물체나 구조물들은 선형의 입체 형태나 공간 구조로 이루어
져 있다. 무엇보다 선형 구조를 다양화하는 데 재료의 성질이나
기능을 잘 파악해야 한다. 역사적으로 사용되어진 재료의 성질
에 의해 건축의 축조나 공간구성의 구조들이 개발되어 왔다. 아

아르누보 양식의 지하철역

치, 돔 등은 돌이나 벽돌 시대의 구조들이고 산업혁명 이후에는
철이나 유리, 철근콘크리트 등의 출현에 의해 선형 공간구성의
표현 방법과 역할들이 빠르게 변화되었다.

　　　근대 이후 철은 가공이 용이하고 자유로운 조형이
가능해 구조물의 구성재로 활발히 사용되었고 초고층 빌딩, 타
워, 경기장, 교량, 선박 등 대형 구조물의 주류를 이루고 있다. 특
히 오늘날 선형 구조를 노출시킨 것이나 이들의 구조역학으로서
힘과 형태를 드러내는 건축 구조물들은 오히려 신선한 조형미를
만들어 내고 있다. 선형에 의해 만들어진 공간은 구조적 원리와
함께 공간적 사고를 발전시키기 위한 가장 좋은 사례 중 하나이
다. 선으로 이루어진 공간구성은 하나의 선과 다른 하나의 선이
만나서 이루는 구조와 공간을 명확하고 다양하게 보여준다. 이
들이 만나 이루는 선과 면, 구조와 공간, 비례와 균형 등은 공간
구성의 긴장감과 역동성을 결정하며, 보다 새로운 조형의 가능
성은 신 재료의 개발과 그 기능에 대한 탐구에 의해 이루어질 것
으로 보인다.

건축가 포스터Foster & partners에 의해 리디자인된 **베를린 국회의사당의 돔**
선 공간 구조에서 힘의 분배와 균형, 동선 등이 떠받치고 있는 요소들에 연결되고, 공간이 서로 분리되거나 연결되어 이루어진 공간 구조는
조형적으로도 매우 흥미롭다.

3. 면에서 볼륨으로

1) 면과 볼륨의 관계

(1) 볼륨의 개념

길이와 폭을 가지고 있는 2차원의 평면은 깊이를 가지면서 3차원의 입체가 된다. 입체와 볼륨은 비슷한 의미로 사용되지만, 수학적 개념에서 3차원의 공간을 차지하는 물체를 입체라고 한다면 볼륨은 이것의 무거움이나 두꺼움과 같은 양감과 부피라는 측면을 보다 강조한다고 할 수 있다. 즉 볼륨이란 재료가 갖는 물질적인 양감과 촉각, 운동감각을 수반하는 시각적 표현을 포함하는 의미이다.

입체
수학적 개념에서 가로, 세로, 폭을 갖는 3차원의 물체

볼륨
무거움, 두꺼움과 같은 부피나 양감, 재료의 촉감 등 시각적 느낌을 포함하는 개념

2차원이나 3차원이 항상 분명히 구별되는 것은 아니다. 입체감이 약한 3차원 부조의 경우에는 2차원적 요소가 강하다고 할 수 있다. 오늘날 많은 작가들이 캔버스 위에 다양한 재료들을 붙여 3차원적 요소를 가미하기도 한다. 이처럼 회화나 건축, 조각 등에서 2차원과 3차원의 장벽을 무너뜨리는 사례를 볼 수 있다.

우리가 일상적으로 체험하는 세계는 평면과 달리 관찰하는 위치나 각도에 따라서 모양이 변하게 된다. 따라서 3차원의 입체는 고정된 시각에서 관찰하는 것보다 서로 다른 시각과 거리에서 종합적으로 이해하여야 한다.

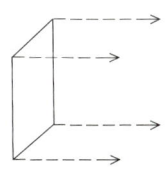
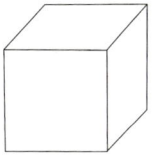

2차원에서 3차원으로

학생 작품
2차원 성격이 강한 3차원 부조

(2) 볼륨의 형태

선이나 평면이 볼륨을 가지게 되면 2차원의 형태에서 느끼지 못하던 새로운 느낌의 충실감이나 무게감을 표출하게 된다. 볼륨의 표현에는 여러 가지가 있으나 여기서는 크게 유기적, 기하학적, 우연적 형태로 나누어 살펴본다.

① 유기적 형태

볼륨의 형태는 그 특정한 내용에 따라 다양하게 분류될 수 있다. 우리가 흔히 볼 수 있는 길가의 자갈이나 동·식물과 같은 자연물은 속이 가득 찬 충실감이 있는 즉, 볼륨을 갖는 입체물이다. 이와 같은 자연의 규칙적이거나 또는 불규칙적인 형태들은 디자이너와 예술가들에 의하여 끊임없이 탐구 대상이 되어 왔다.

　　　자연적 형태 중에는 특히 흐르는 물과 같이 부드럽고 유연한 곡선을 이용하여 구성된 유기적 형태가 있다. 자연 속에서 발견되는 유기체는 살아 있는 생물이나 우리가 살고 있는 지구, 바다, 하늘 등의 환경에서 존재하는 무생물을 포함한다.

불규칙 형태
서로 수학적인 관계를 갖지 않는 직선이나 곡선으로 이루어진 것.

자연적이고 불규칙적인 형태

부드러운 곡선의 유기적 볼륨 형태

② 기하학적 형태

자연의 형태와는 대조적으로 의도된 기하학적 형태가 있다. 기하학적 형태란 평면이나 공간 안에서 입체·면·선·점 등의 수리적 관계에 바탕을 둔 형태를 뜻한다. 커다란 구조물을 구축하는 데 필요한 벽돌과 같은 인공적인 형태가 그 좋은 예이다. 기하학의 사용은 하나의 형태에 체계와 질서를 부여하며 자나 컴퍼스와 같은 기계적인 수단에 의하여 구성된다. 수평이나 수직, 사선, 원형 등을 사용하여 시각적 질서와 통일성을 부여할 수 있다.

아래의 사진들 가운데 상단의 사진은 곡선, 직선에 의한 단순한 형태를 표현하고 있는 반면, 하단의 사진은 사람이나 기구, 알파벳과 같이 구상적인 즉, 인식할 수 있는 대상을 곡선, 직선과 같은 기하학적 표현으로 단순화시켜 나타내고 있다.

기하학적 형태
원이나 삼각형, 사각형과 같이 수학적으로 구성된 것.

구상적 형태
주제의 표현이 사실적이든 아니든 그것이 인식될 수 있는 것.

비구상적 형태
인식할 수 있는 주제를 갖고 있지 않은 것.

유기적 형태
유연성과 성장성을 보여주는 자유 곡선으로 이루어진 것.

기하학적 형태의 볼륨 표현

인공적 형태의 표현

③ 우연적 형태

계획되고 의도된 형태가 아닌 우연한 효과에 의해 이루어진 형태도 있다. 찰흙을 긁거나 자르고 구부리고 두드리는 등의 과정에서 전혀 예측하지 못한 우연한 결과에 의하여 얻어지는 다양한 시각적 체험이 바로 그것이다.

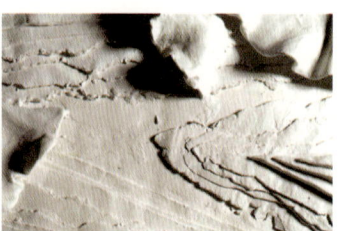 

점토의 우연한 효과에 의한 **볼륨 형태**

(3) 볼륨의 종류

① 양의 볼륨

비어있는 공간을 메워가는 것으로 형태를 지각할 때 우리는 그것을 양positive의 볼륨이라고 한다. 즉 물리적인 실제로서 눈에 보이는 입체를 양의 볼륨이라고 하는 것이다.

양의 볼륨

② 음의 볼륨

양의 볼륨 주변의 공간과 틈에 의해 생긴 비어 있는 공간을 형태로 지각할 때 이것을 음negative의 볼륨이라고 한다. 형태와 형태 사이의 공간은 손으로 잡거나 만질 수 없는 허상의 볼륨이라고 할 수 있지만, 음의 볼륨은 하나의 '형태'로서 시각적으로 인식할 수 있는 형태이다.

아래 사진에서 음각된 사람의 얼굴은 바라보는 시점
이 변화함에 따라 표정이 변화하는 듯한 느낌을 준다. 조명 효과에
의해 음의 볼륨은 마치 튀어나온 것과 같은 느낌을 주면서 그 특징
이 더욱 강조된다. 원기둥 형태의 파이프 사진은 비어 있는 공간이
형태로 강하게 인식되는 음의 볼륨의 사례를 보여 준다.

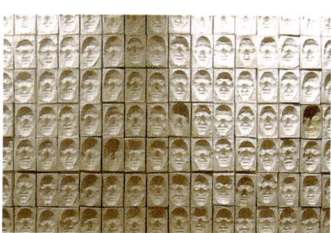 

음의 볼륨

③ 가상 볼륨

그림자나 상을 이용한 또 다른 볼륨을 생각할 수 있다. 레이저광선
을 이용해서 3차원의 볼륨을 만드는 홀로그래피는 공간에서 입체
영상을 창조한다. 빛에 의한 조명효과나 그 움직임에 의해 만들어진
부피를 갖는 가상의 볼륨은 볼 수 있으나 만져볼 수는 없다는 점에
서 음의 볼륨과 공통점이 있다.

가상 볼륨
빛의 움직임에 의해 지각되는 실재하지 않는
볼륨 형태

가상 볼륨

(4) 입체의 요소

① 입체의 개념 요소

시각적인 질서와 조화를 이루거나 시각적 감흥을 유발하는 것을 목
표로 한다는 점에서 입체 조형은 평면에서의 조형과 유사하다. 입체
는 바라보는 관점에 따라 형태, 공간, 움직임 등이 변화하기 때문에
여러 가지 시점을 동시에 고려해야 한다는 점에서 좀 더 복잡하게
느껴진다. 그러나 실제로 눈에 보이는 형태와 재료를 다루므로 즉각
적으로 인식할 수 있다.

입체의 개념 요소에는 점, 선, 면, 양이 있다.

점 _ 공간의 위치를 가리킨다. 점은 넓이나 길이, 깊이도 없으며,
입체 조형물에서 선들이 만나는 곳, 평면의 모서리나 입방체
의 각의 모서리에서 선들이 만나는 곳 등을 표시한다.

선 _ 점이 이동하여 만들어지며, 위치와 방향을 갖는다. 선은 길이
는 있으나 넓이나 깊이가 없으며, 입체 조형물에서 면과 면이
만나 이루어진다.

면 _ 선이 이동하여 만들어지며 길이와 넓이를 갖는다.

양(볼륨) _ 면이 이동하여 만들어지며 길이, 넓이, 깊이를 갖는다.

특히 평면에서는 표현되지 않는 공간적인 깊이감으
로 인해 착시와 같은 애매한 문제들을 피할 수 있다는 점에서 좀 더
직관적으로 이해될 수 있다. 즉, 시각적 깊이나 측면도 등 풍부한
시각적 단서들이 제공되기 때문에 보다 쉽게 지각되는 것이다. 아
래의 평면 그림에서는 정확한 형태나 구조를 이해하기 어렵다. 이
에 비해 입체에서는 깊이감과 공간감이 보다 쉽게 인식된다.

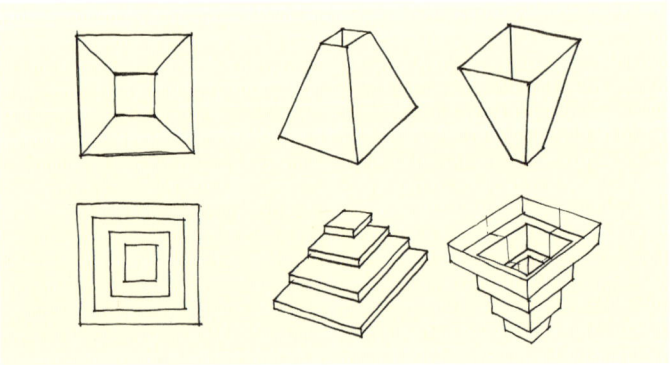

양의 볼륨

아래 그림에서 각각의 평면도는 모두 원형으로 동일하다. 그러나 평면에서 원의 형상은 볼륨을 가지면서 구나 원뿔, 원기둥 등의 다양한 입체 형상으로 발전될 수 있다. 이와 같이 볼륨의 제공은 2차원의 형태에서 부피와 양감을 갖는 입체 형태로 더욱 다양하게 변형되고 응용될 가능성이 커진다.

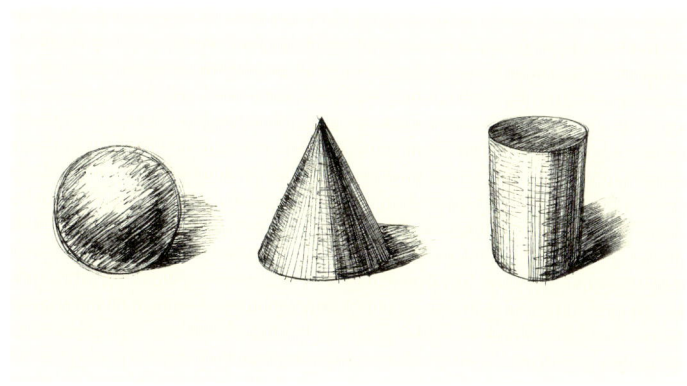

원의 형상에서 발전된 **3차원의 볼륨**

② **입체의 구조 요소**

입체의 구조적 특질을 이해하는 데 있어서 다음의 구조 요소는 매우 중요하다.

꼭지점 _ 몇 개의 면이 모여서 하나의 개념적인 점을 만들 때, 이것을 꼭지점(정점)이라고 한다. 이 꼭지점은 입체의 바깥쪽이나 안쪽에 형성될 수 있다.

모서리 _ 평행하지 않는 두 면이 만나 하나의 개념적인 선이 생길 때, 이 선을 모서리라고 한다. 모서리 역시 바깥쪽으로나 안쪽으로 형성될 수 있다.

면 _ 양을 둘러싸고 있는 외부 표면이라고 볼 수 있다.

꼭지점은 뾰족한 점, 모서리는 뾰족한 직선, 면은 매끈하고 평탄한 공간으로 인식된다.

볼륨은 평면과 달리 중력을 견디는 내구력과 역학적으로 견고하게 짜여진 구조가 요구된다. 특히 크기가 큰 구조물의 경우에는 이와 같은 중력 이외에도 바람이나 그 밖의 다른 외력에 견딜 수 있는 튼튼한 구조와 형태가 필요하다.

역학적 구조에 의한 볼륨

③ **입체의 시각 요소**

디자인의 외양을 이루는 시각 요소에는 형태, 크기, 색채, 질감 등이
있다. 이러한 요소들은 바라보는 각도나 거리, 조명 등에 따라 그 느
낌이 달라진다.

● **형태**

입체에서의 형태란 공간을 채우는 것이 아니라, 메워진 공간에 의
해 둘러싸인 비어있는 공간을 가리킨다. 입체는 형태와 형태 사이
에 형성된 공간과 밀접한 관계가 있다. 즉, 포지티브 볼륨과 네거
티브 볼륨에 의해 창조되는 형태들은 서로 긴밀한 관계를 형성하
며 상호 보완적이다.

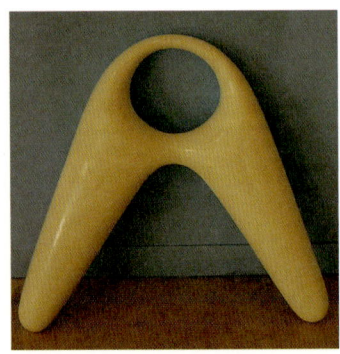

포지티브와 네거티브가 결합된 형태

입체와 공간 탐구

● 크기

크기란 입체의 크거나 작음, 길거나 짧음 등의 구체적인 측량을 의미한다. 하나 이상의 입체로 구성되는 조형 작업에서 입체의 형태들은 크기에 따라서 다른 느낌을 표현한다. 이들의 관계는 특성상 대비를 이루며 배치하는 방법에 따라서도 변화와 조화를 이룰 수 있다. 아래 사진의 사과는 본래 사물의 크기보다 크게 표현됨으로써 볼륨의 충실감과 함께 시각적인 흥미를 주고 있다.

크기의 변화에 의한 부피감의 변화

● 색채

입체에 활용된 색상이나 명암은 입체와 주위 환경을 명확히 구별해 준다. 색채에 따라 입체물이 가벼워 보이기도 하고 무거워 보이기도 한다. 나무의 밝고 부드러운 색채와 대리석의 명쾌하고 강한 색채에 의해 볼륨의 충실감이나 무게감이 다르게 느껴진다. 색채는 자연적일 수도 있고 인위적일 수도 있다. 자연적인 경우 재료 자체의 색상이 그대로 나타나며 인위적인 경우에는 원래의 색을 페인트로 덮거나 다른 색으로 처리하여 변화시킬 수 있다.

자연적인 색과 인위적인 색　　　　**나무와 대리석의 색채 대비**

● 질감

질감이란 입체에 활용된 재료의 표면에 관한 것으로서 재료의 선택에 따라 다른 이미지를 창조할 수 있다. 다양한 재료 표면의 차이는 입체물의 성격, 느낌에도 영향을 준다.

돌은 질감이 거칠면서 무질서한 듯 질서를 지키고 있는 것 같이 촘촘하게 덩어리들이 군집을 이루고 있다. 나무의 껍질에서는 새의 깃털이나 물고기 비늘과 같은 구조가 연상된다. 나무판이나 석재는 두께와 질감 때문에 거칠게 느껴지는 반면 종이는 섬세한 표현이 가능하다. 이와 같이 다양한 질감의 소재에 따라 강인하거나 부드러운 느낌, 자연 그대로의 느낌이거나 가공된 느낌, 무겁거나 가벼운 느낌을 줄 수 있다.

돌과 스폰지의 표면 질감

④ 입체의 상관 요소

● 위치

입체 형태들의 위치를 설정하고 배치하는 방법에 따라 흥미로운 결과를 얻을 수 있다. 이것은 입체 조형물을 더욱 입체적으로 만들어 주고 기존의 형태들을 보완하며 조화로운 통합을 이루도록 한다. 위치에 따라 요소의 균형과 긴장감을 창조할 수도 있다. 대칭 구조는 안정된 균형감이 특징이지만 지루하기 쉬우며, 비대칭 구조는 불안하지만 시각적으로 흥미를 준다. 변화와 긴장을 줄 수 있는 비대칭 배치와 구조 연습을 하는 것은 조형에 대한 감각을 키우는 데 도움이 된다.

대칭
대칭이란 힘의 원리에서 볼 때 양쪽의 무게가 똑같아서 어느 한쪽으로 기울지 않는 힘의 평형상태를 뜻한다. 대칭성에서는 질서와 권위, 안정감이 표출된다.

비대칭
힘의 평형이 깨지면 시각적으로 불안정감과 강한 긴장감이 느껴진다.

입체와 공간 탐구

대칭과 비대칭의 입체

● **방향**

수직 또는 수평선을 활용하여 정적인 이미지를 전달할 수 있으며 안정된 느낌을 줄 수 있다. 사선 방향의 구조는 그 자체로 움직임을 나타내고 비대칭으로 긴장감을 줄 수 있다. 경사의 각도나 길이, 굵기 등의 변화에 따라 여러 가지 느낌의 운동감과 율동을 강조해서 표현할 수 있다.

사선 방향이 강조된 구조물

● **공간**

입체 자체에 의해 만들어진 공간과 입체와 입체 사이에 형성된 공간들은 상호 밀접한 관계를 가지고 있다. 이러한 공간들은 서로 긴밀한 관계를 형성하며 상호 보완적이다. 사용된 소재의 간격, 또는 재료 자체의 투명성이나 불투명성에 따라 공간에 대한 느낌이 변화될 수 있다.

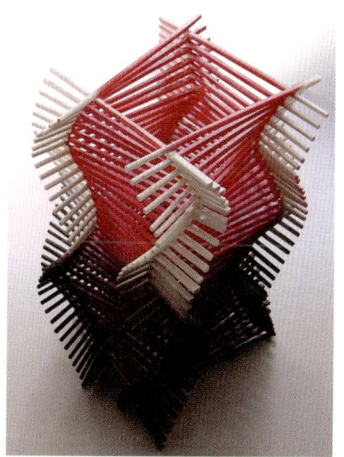

입체를 결합하여 만든 볼륨

● 중량감

중량감은 사용된 재료의 무겁고 가벼운 느낌에 따라 달라진다. 3차원 입체의 배열과 배치에 따라 중량감의 효과와 변화를 가져올 수도 있다. 그리고 입체 형태의 크기나 다른 입체와의 관계에 의하여 무게감이나 안정감이 달라지기도 한다. 소재에 따라 차이가 있지만 예를 들어, 돌의 경우 무겁고 단단하며 중후한 느낌을 낼 수 있다. 투명한 유리는 적당한 무게감과 매끈한 표면 질감이 강조되며 플라스틱은 가볍고 상쾌한 느낌을 준다. 또한 표면의 질감 표현에 따라서 무게감이 달라지며 조형물 내부의 조명 효과에 의해서도 무거운 느낌은 더욱 줄어들고 밝고 가벼운 볼륨감을 줄 수 있다.

재료에 따른 **중량감의 변화**

2) 면으로 형성된 볼륨들

(1) 면의 볼륨화

① 면을 볼륨화 하기

2차원의 평면에 약간의 높이를 주거나 판재를 하나씩 쌓아 가면 3차원으로서 깊이를 나타낼 수 있다. 릴리프는 면이 볼륨을 갖기 시작하는 첫 단계로서 2차원과 3차원의 중간적 위치를 차지한다고 볼 수 있다. 자연스럽게 높고 낮음의 차이가 생기며 계층적 조형 변화와 음영에 따라서 다양한 표현을 할 수 있다. 여기에 깊이감을 더욱 강조하면 평면은 2차원의 성격에서 완전히 벗어나 명확한 3차원의 볼륨으로 이해된다.

하나의 면이 입체화될 때, 물체의 모양을 정확히 이해하기 위해서는 위와 아래, 앞뒤, 그리고 좌우 방향의 형태가 정확히 전달될 수 있도록 해야 한다. 입체는 실제 손으로 만져서 부피를 느끼고 그 형태를 쉽게 이해할 수 있다. 이러한 3차원적인 형태를 3차원에 나타내는 입체적인 표현 외에도 이것을 2차원의 평면상에 그려서 표시하는 경우가 있다. 이때 평면에 표현된 입체 형태에서도 폭과 길이, 깊이를 느낄 수 있어야 한다. 가상의 정육면체에서 변형된 3차원의 형태를 예로 든다면, 위에서는 물론 앞이나 옆면에서 투시된 입체 스케치를 그릴 수 있으며 평면도, 정면도, 측면도의 세 가지 도면을 얻을 수 있다.

입체와 공간 탐구

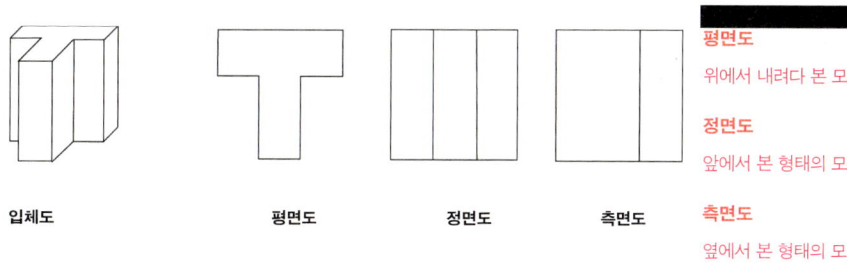

| 입체도 | 평면도 | 정면도 | 측면도 |

평면도
위에서 내려다 본 모양

정면도
앞에서 본 형태의 모양

측면도
옆에서 본 형태의 모양

이와 같이 형태를 갖게 된 볼륨은 크기, 색채, 질감 등의 시각 요소와 각 형태 요소들의 위치나 방향감, 공간과의 관계, 무게감 등의 상관관계의 변화에 따라 다양한 느낌을 준다.

② 입체의 변형

입체를 자르거나 조합하고 연결시키는 연습을 통하여 입체 형태를 조화롭게 통합하고 변형시키는 표현 방식을 습득할 수 있다. 간단하고 단순한 형태의 입체라도 자세한 관찰과 연구를 통해 무한한 변형과 새로운 형태의 결합이 가능하다. 이와 같은 추상적 상호관계를 습득하고 표현하는 일은 쉬운 일이 아니지만 예를 들어, 입체를 쌓거나 일부분을 자르고 왜곡시키는 과정을 통해 단순한 형태의 아름다움과 수학적인 구조의 활용을 강조할 수 있다.

입체 형태의 가장 기본이 되는 육면체를 절단, 왜곡, 통합, 분할하여 변형시킴으로써 대비와 긴장감을 전달하는 다양하고 흥미로운 특성을 표현할 수도 있다. 육면체는 여섯 개의 사각형의 면으로 이루어진다. 구조의 명쾌함을 갖는 구나 입방체와 같은 기본 형태는 단순한 외관과 안정된 대칭을 가지고 있는 것이 특징이다.

육면체의 구조 요소

꼭지점
세 개 이상의 면이 만나서 하나의 개념적인 점을 만들 때 그것을 꼭지점(정점)이라고 한다.

모서리
평행하지 않는 면이 만나는 개념적인 선을 모서리라고 한다.

면
양을 둘러싸고 있는 평평한 외부 표면을 뜻한다. 육면체의 면은 정사각형이거나 직사각형일 수 있다.

● 절단

육면채는 완벽하고 경직된 느낌의 입체이기 때문에 약간의 불규칙성이 가해지더라도 완벽한 질서가 무너지게 되며, 이것은 또 다른 특징을 가진 입체 형태를 만든다.

모퉁이를 절단하면 그 부분은 삼각형의 면이 생기는데, 다른 모퉁이도 동일한 비율로 또는 각기 다른 비율로 절단하여 새로운 형을 창조할 수 있다. 규칙적이거나 불규칙적인 절단에 의

대칭과 비대칭
대칭은 좌우가 동일하여 안정감을 주고 정리되며 무게감을 줄 수 있다. 이와 반대로 비대칭은 좌우가 불균형을 이루어 긴장감을 강화시킨다. 조형 실습 과정에서 비대칭을 중심으로 한 배치 훈련은 민감한 디자인 감각을 향상시키는 데 도움이 된다.

해 대칭 또는 비대칭의 새로운 공간적 구성과 입체 형태가 만들어
진다. 단순히 잘라내는 절단 방식 또는 파내기식의 절단을 통해 만
들어진 여러 개의 육면체를 쌓음으로써 새로운 하나의 입체 형태를
얻을 수도 있다.

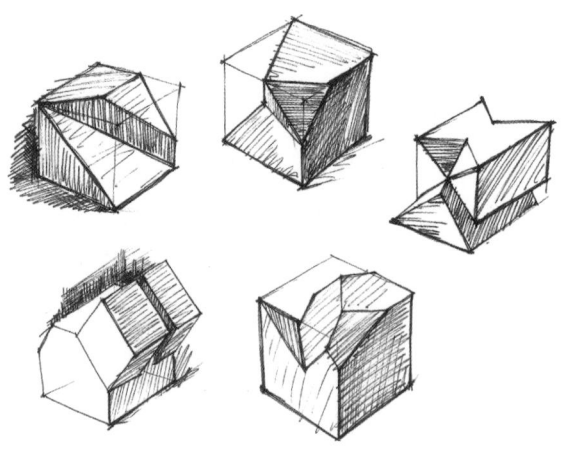

● **왜곡**

육면체를 한쪽 방향으로 누르거나 어떤 부분을 당기는 변형에 의해
새로운 균형과 시각적 효과를 얻을 수 있다. 육면체의 윗부분을 누
른다고 가정하면 어떤 질량적 변화 없이 기존의 육면체와는 시각적
으로 전혀 다른 새로운 분위기의 균형과 구조를 갖는 입체가 만들어
진다. 또한 육면체를 비틀어 변형되는 효과를 점진적으로 사용하여
재미있는 조형물을 만들 수도 있다.

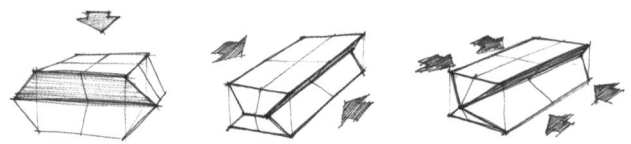

● 분할

육면체에서 분할이란 둘 이상의 기하학적 형태로 나누는 것을 의미한다. 하나의 덩어리를 분할함으로써 전혀 예상치 못했던 새로운 형태가 만들어질 수 있기 때문에, 상상력을 발휘하여 여러 가지 형태로 분할한 조각들을 다양한 방법으로 조합하면 새로운 형태를 얻을 수 있다.

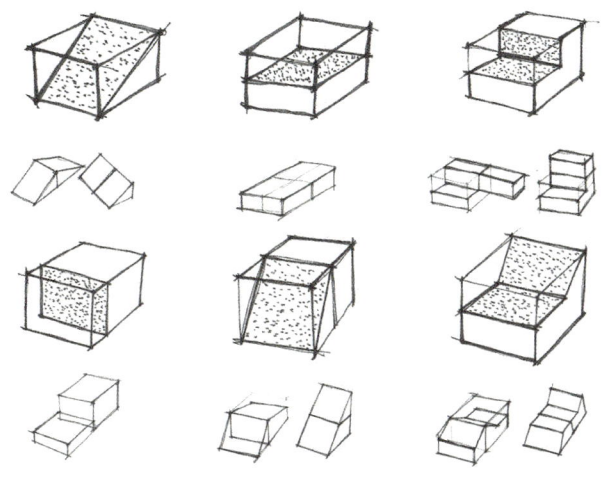

● 통합

두 개의 형태를 결합하면 하나의 형태가 만들어진다. 통합되는 입체들은 같은 형태나 크기일 수도 있고, 형태는 같지만 크기가 다를 수도 있으며 형태나 크기가 모두 다를 수도 있다. 두 입체가 서로의 입체 속에 통합되는 유형에 따라 다양한 변화가 가능하다.

(2) 면의 볼륨화 사례

① 육면체와 곡면체

우리가 흔히 건물이나 아파트와 같은 건축물에서 볼 수 있듯이 사진 ①에서 육면체는 합리적인 구조를 보여 준다. 형태의 간결성과 경제성으로 인하여 우리 주위에서 응용된 사례를 쉽게 찾아볼 수 있다. 사진②는 육면체 기둥을 사용하여 여기에 조명효과를 줌으로써 명쾌하고 간결한 장식 효과를 더해 준다. 정방형의 기하학적 질서와 안정되고 규칙적인 모듈과 같은 육면체 구조가 벽면을 형성하며 정돈된 아름다움을 보여준다. 또한 색채와 재질면에서 명쾌하고 산뜻한 분위기를 조성하고 있다. 사진③에서는 육면체의 형태가 음의 볼륨으로 인식된다. 본질적으로 건축이나 실내디자인은 네거티브 공간을 만들어내는 것이라고 할 때, 양의 볼륨과 음의 볼륨의 조화와 대비는 고려해야 할 중요한 요건 가운데 하나이다. 사진④는 선적인 요소의 사각기둥을 하나의 구성 요소로 쌓고 연결함으로써 커다란 볼륨을 갖는 흥미 있는 조형 작품이 된 사례이다.

①

②

③

④

육면체의 볼륨감

육면체의 응용과 마찬가지로 곡면체 또한 절단, 왜곡, 분할, 통합 등의 변형 과정을 거쳐 다양한 형태로 발전시킬 수 있다. 또한 단위 형태를 쌓거나 뚫는 조형 작업을 통해 새로운 이미지를 창조할 수도 있다. 아래 사진의 조명등은 원기둥의 가운데 부분을 세게 누르고 아랫부분을 늘려 변형시킨 형태의 디자인으로서 가늘고 굵은 부분의 대비된 긴장감과 간결하고 대칭적인 형태에서 아름다움을 주고 있다. 오른쪽 사진의 의자는 구의 형태에서 일부를 절단하고 파낸 듯한 구조를 보여 주며 양의 볼륨과 음의 볼륨이 서로 밀접하게 조화를 이루고 있다.

아래 사진은 누워 있는 원기둥과 같은 조형 작품으로서 낮은 높이감으로 편안함과 자연스러움을 더해 준다. 구조물의 표면에 크고 작은 구멍을 뚫어 밖에서 안을, 또는 공간을 통해 다른 쪽의 공간이 들여다 보이도록 유도하여 재미를 더해 주고 있다. 꽃을 심어 놓은 화단은 원구를 절단한 형태로서 곡면체가 우리 생활 가운데 실제로 활용되고 있는 대표적인 기능적 사례이다.

아래 사진에서는 곡선의 연속 면이 일정한 간격으로 세워져 전체적으로 네거티브한 볼륨을 형성하고 있다. 연속적인 구조는 안쪽 공간과 바깥쪽 공간을 단절시키지 않고 어느 정도 투명하게 보이도록 연결되어 있다. 이와 같은 곡면체의 볼륨은 이 밖에도 작은 조명 기구나 조형물에서부터 실내외 구조물이나 놀이 시설에 이르기까지 다양한 영역에 적용되고 있다.

곡면체의 볼륨화

② 각기둥과 원기둥

정육면체가 똑바로 쌓여 있거나 측면이 직사각형의 형태로 길어진다면 양끝이 정사각형이고 측면이 직사각형인 각기둥이 된다. 이와 같은 기본 각기둥은 양끝의 모양에 따라, 그리고 측면 모서리의 방향과 기울기에 따라 다양한 변화가 생길 수 있다.

각기둥의 변화는 첫째, 양끝을 변화시키거나 둘째, 모서리를 변화시키거나 셋째, 면의 처리 방법을 변화시킴에 따라 새로운 형태로 변형이 가능하다.

각기둥의 아래, 위, 양끝의 면의 형태를 삼각형, 사각형, 오각형, 육각형 등으로 변화시키면 측면의 면의 개수가 점차 증가된다. 이 때 양 끝의 모양을 같게 하거나 아래와 위에 서로 다른 다각형을 결합시켜 새로운 형태를 만들 수 있다.

기본 각기둥 형태에서 측면의 모서리 부분을 변화시킴으로서 새로운 형태가 만들어진다. 이와 같은 형태가 응용되어

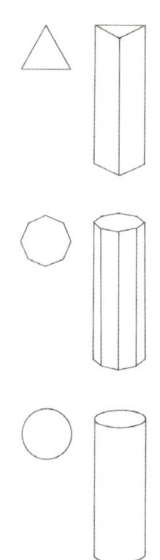

실제 생활 용품에서 활용되기도 한다. 아래 사진에서는 각기둥의 형태나 모서리에 변화를 주어 조형 작품이나 조명 기구, 의자 등에 적용된 사례를 보여 주고 있다. 사용된 재질이나 색채의 대비, 조명 효과 등에 따라 덩어리감이나 무게감이 달라진다. 원기둥 모양을 변형한 붉은 의자 형태의 구조물에서는 재미있는 형태와 강렬한 색채가 시선을 끌고, 부드러운 질감에 의한 충실한 볼륨감을 볼 수 있다.

③ 자연 형태와 인공 형태

자연은 예술이나 각종 디자인 영역에서 끊임없이 다양하게 반영되고 있다. 예술작품이나 건축·실내·가구·조명·그래픽디자인에 이르기까지 자연에서 모티브를 찾아 그 이미지를 반영하여 표현함으로써 자연친화적 생명감을 표현한다. 인공적이고 기하학적인 형태와 다른 자유로운 형태에 의해 유기적 생명감을 강조하는 것으로서 구성 요소들이 생물체처럼 자유로운 느낌과 흐르는 듯한 선으로 결합되어 있으며 비대칭적, 불규칙적, 반기하학적인 특성이 강하다.

20세기 초기에 디자인의 원리를 형성했던 양식 운동인 아르누보는 곡선적이고 화려한 양식으로서 특히 자연물의 유기적 형태Organic Form가 강하게 돋보인다. 이와 같은 자연에서 발견된 생동적이고 흐르는 듯한 유기적인 이미지에서 비롯된 장식은 건축의 외관에서부터 일상의 모든 생활 용품에 이르기까지 전 조형 분야에 적용되고 있다. 유기적 형태는 불규칙한 시골길이나 구릉지, 생명체 등에서 보이는 부드러운 자유 곡선을 연상시키기 때문에 자유로운 형태의 아름다움을 담고 있다. 부드럽고 자유로운 선은 볼륨을 가지면서 무게와 입체감을 갖는다. 유선형이 주는 스피드감보다는 심리적인 특성 즉, 시각적인 우아함을 선호한 것이다.

자연 이미지의 반영

아르누보의 영향을 받은 초기에는 자연주의 취향을 강조하였다고 할 수 있으나, 최근에는 보다 단순한 곡선으로 바뀌면서 기하학적인 디자인 경향을 보여 주고 있다. 아래 사진의 볼록한 씨앗 형태의 작은 조명등과 생활 소품에 적용된 부드러운 곡선의 형태는 유기적인 이미지를 기하학적으로 표현한 것이다. 이처럼 곡선의 느낌이 조형 작품이나 구조물에 적용되기도 한다. 자연의 모티브를 그대로 표현하기보다는 기능에 대한 관심과 인공적인 단순함에 비중을 두고, 곡면의 볼륨감을 강조하여 전체적인 디자인에 적용한 것을 볼 수 있다.

단순하고 기하학적인 형태

인공적 볼륨 형태

3) 면으로 볼륨 표현하기

(1) 육면체의 조형 연습
① 입체 조형 실습 순서
몇 개의 제한된 육면체를 결합하여 새로운 형태를 창조하기 위한 실습에 있어서 기본적인 순서는 다음과 같다.

첫째, 아이디어 스케치
3차원을 2차원의 평면에 스케치로 표현한다. 전면이나 측면과 같은 단면보다는 앞면과 측면, 그리고 윗면이 한눈에 보이도록 바라본 시점에서 입체에 대한 충분한 정보가 전달되도록 해야 한다. 시각적 깊이감에 대한 단서들이 제공되도록 다양한 관점에서 스케치한다.

이때 입체에 의한 개략적인 모형을 여러 가지로 제작해 보는 것이 중요하다. 육면체의 특성을 탐구하기 위해 평면에서의 스케치가 아닌 입체 형태를 실제로 다양하게 만들어 본다. 이 과정을 통하여 육면체들의 비례를 조정하고 결합시키는 방법을 바꾸어 보면서 각 요소들의 방향과 위치를 정한다. 육면체들 간의 관계와 짜임새의 변화, 구조적 특성이 서로 조화되는 구성이 가능하다.

둘째, 축의 방향 결정
전체적 느낌과 분위기를 설정해 주는 기본 방향을 정하여 입체 형태들이 공간상에서 흥미로운 움직임을 만들어 내도록 한다. 모든 방향에서 바라볼 때 입체적이고 흥미로운 디자인이 되어야 한다. 입체와 면, 선들 간의 관계에서 역동감과 긴장감을 지니도록 한다.

셋째, 입체 형태의 위치
입체들이 한쪽 방향에서만이 아니라 앞뒤, 좌우, 어느 측면에서 바라보더라도 균형과 조화를 이루도록 해야 한다. 이 과정에서 비례를 조정하고 결합 방식을 여러 가지로 바꾸어 보면서 짜임새 있고 변화 있는 구성을 결정한다. 전체적인 조화와 변화를 위해서는 형태의 대비를 이루고 서로 보완하는 관계가 되어야 한다.

아이디어 스케치
양감을 표현하는데 손쉬운 재료로 스케치를 한다. 연필보다는 목탄이나 파스텔과 같은 재료로 덩어리감을 표현한다.

비례 스케치
스케치에 의해 디자인의 균형과 비례에 대한 통찰력을 얻을 수 있다. 3차원 스케치는 여러 각도에서 그리되 부분적인 내용보다는 전체적인 윤곽, 움직임에 중점을 둔다. 다양한 각도에서의 흥미 있는 형태, 전체적인 비례를 고려한 3차원 스터디 모델 제작은 입체를 탐구하고 발전시킬 수 있는 좋은 기회를 제공한다.

● **주체적 입체**

크기가 가장 크다. 입체물의 크기와 비례는 전체적인 분위기와 특징적 성격을 표현한다.

● **보조적 입체**

흥미롭게 변화를 주는 형태로서 주체적 형태를 보완한다.

● **부수적 입체**

조형을 더욱 입체적으로 만들어 준다. 전체적으로 조화롭게 통합하고 더욱 특징 있는 형태로서 강조하는 역할을 한다.

② **입체 형태 연결 방법**

입체 형태들이 서로 연결되는 방법에는 크게 서로 맞물려서 끼우기, 뚫기, 쌓기 등의 세 가지 방법이 있다.

● **끼우기**

끼워서 교차시키거나 쌓아올릴 수 있다. 똑같은 형태와 크기를 가진 평면을 하나의 단위로 반복하여 쌓아 나가되 대체로 같은 방향으로 점진적인 진행을 할 수도 있고 상하좌우로 자유롭게 끼우는 과정도 흥미롭다. 계속 복합적으로 연결시키면서 여러 가지 형태의 입체구조를 만들 수 있다.

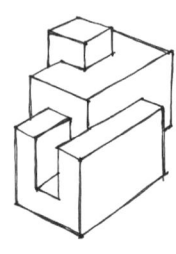 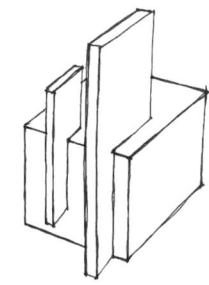 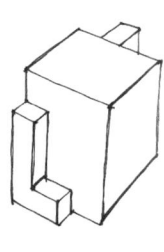

● 뚫기

입체 형태를 연결하는 구조적 방법으로서 하나의 형태가 다른 형태를 뚫어서 연결한다. 방향성을 지닌 힘의 균형과 긴장감을 유지하며 전체적인 조화를 이루는 데 기여해야 한다.

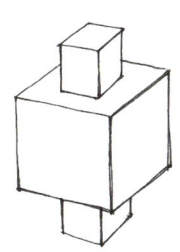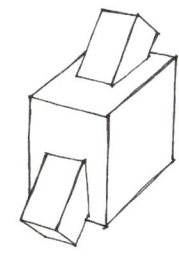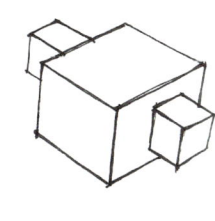

● 쌓기

평면상에서 판재를 쌓아 요철의 형태를 만들 수 있다. 이것은 완전한 입체라기보다 반 입체라고 할 수 있는 릴리프로서 음영의 변화에 따라 볼륨감이 강조되기도 한다.

　　　　　한 단위 형태의 구조물을 올려놓거나 복층의 형식으로 쌓을 수 있다. 이들 층의 위치를 변형시켜 기울어진 기둥처럼 만드는 과정을 통해 새로운 조형 형태를 탐구할 수도 있다. 규칙적으로 또는 하나하나 똑바로 배열할 수도 있지만 위치나 방향이 점증을 이루도록 쌓기도 한다. 크기의 변화나 재질의 선택에 따라서 또 다른 이미지를 창조할 수도 있다. 나무판이나 석재의 경우 그 두께와 질감에 의해 거친 느낌을 만드는 반면 종이는 섬세한 표현이 가능하다.

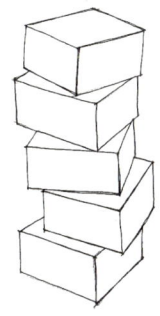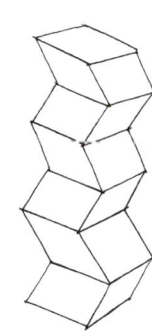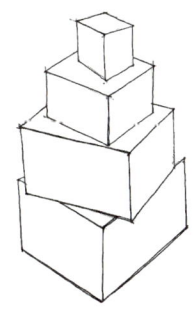

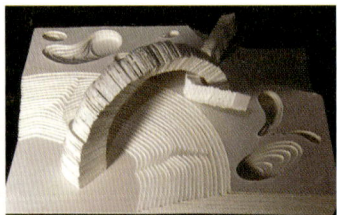

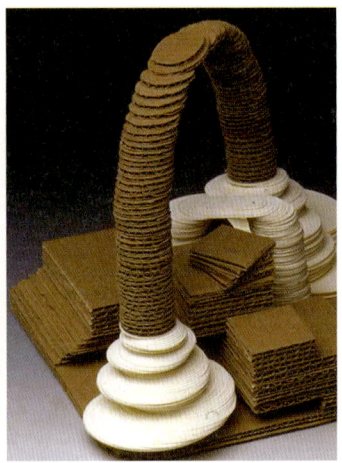

학생 작품
면의 쌓기에 의한 볼륨 표현

(2) 육면체를 이용한 공간구성

표현 목표

표현 목표는 시각적 균형이나 크기, 비례, 조형성을 고려하여 입체와 공간의 관계를 이해하고 균형감 있는 입체물을 만드는 데 있다. 하나의 육면체가 크기가 다른 육면체들과 결합하여 새로운 시각적 특성을 갖는 형태를 구성한다. 하나 이상의 입체로 구성되는 조형 작업에서 입체 형태들은 크기에 따라서 다른 느낌을 표현한다. 이들의 관계는 특성상 대비를 이루며 배치하는 방법에 따라서 변화와 조화를 이룰 수 있다. 수평과 수직의 결합을 중심으로 입체물 간의 조합과 이들에 의해 만들어지는 공간과의 관계를 이해한다.

재료 및 도구

크기가 다른 세 개의 육면체를 사용한다. 크기의 결정은 조형 감각이나 표현하고자 하는 의도에 따라서 변화될 수 있다. 이를 위한 재료는 나무, 석고, 유토 또는 화이트 폼 등 다루기 손쉬운 재료를 선택한다.

표현 조건 및 포인트

긴장감과 흥미를 유발하기 위하여 대칭적 구성은 피하고 비대칭으로 육면체들을 구성하도록 한다. 조형 실습 과정에서 비대칭을 중심으로 한 배치 훈련은 민감한 디자인 감각을 향상시키는 데 도움이 된다. 크기나 방향, 비례 등을 고려한 전체적인 대조와 조화에 중점을 둔다. 결합 방법은 끼우기, 뚫기, 붙이기 등의 방법을 자유롭게 선택할 수 있다. 단순하고 제한된 입체물을 사용하여 서로 간의 비례, 힘의 균형, 긴장감과 전체적인 조화 등의 상호 관계를 실험하는 연습이다.

□ 구성이 흥미롭고 전체적인 분위기가 의도된 대로 표현되었는지 확인한다.

□ 보조적 입체가 변화를 주고 있는지 또는 부수적 입체가 부분적으로 특징적인 역할을 하고 있는지 분석한다.

□ 각 입체들의 길이나 넓이, 두께에 대한 상대적 비례를 생각해 본다.

□ 크기들이 적절히 변화되면서 조화를 이루고 있는지 분석한다.

□ 방향감이나 긴장감이 있는지 살펴본다.

□ 입체와 입체 사이의 공간적 관계가 시각적으로 잘 처리되었는지 분석한다.

□ 어느 방향에서 보더라도 전체적으로 조화를 이루는지 살핀다.

　　　　완성된 작품에서 다양한 비례의 관계에 대해 체험하고 이해함으로써 흥미 있는 구성이 되도록 한다. 입체를 위한 기초 과정에서 주어진 과제를 해결하기 위한 적합한 재료를 선택하고 짧은 시간 내에 빠르게 간단한 입체모형, 즉 스터디 모델을 만드는 것이 중요하다. 가능한 여러 개의 입체 모형을 만들어 형태, 공간, 움직임과 같은 요소들이 서로 조화를 이루는 시각적인 경험을 통해 긴밀한 관계를 형성하고 조화롭게 표현하는 방식을 배우는 데 중점을 둔다.

(3) 곡면체를 이용한 볼륨 표현

표현 목표

　　　　표현 목표는 볼록한 형태와 오목한 형태를 포함하는 유기적인 볼륨을 구성하는 데 있다. 덩어리의 크기나 두께, 선의 흐름에 유의하면서 미세하고 섬세한 선의 동작과 표면의 면, 커다란 덩어리를 갖는 볼륨의 관계를 관찰하면서 유기적인 형태에 대한 감각을 키운다.

재료 및 도구

　　　　화이트 폼이나 석고 등의 재료를 사용한다. 조각하는 방식으로 제작하며 칼이나 줄, 사포 등의 도구를 사용할 수 있다. 아이디어 단계에서는 찰흙이나 지점토, 유토 등을 이용한다.

표현 조건 및 포인트

　　　　기본 축을 중심으로 덩어리감과 선의 흐름, 표면의 긴장감에 중점을 둔다. 축의 곡선과 부수적, 보조적인 볼륨들이 서로 연관되면서 여백의 비어 있는 공간과도 자연스럽게 조화를 이루도록 한다. 찰흙이나 지점토를 이용하여 몇 가지 스터디 모델을 만들어 보고 이 가운데 가장 흥미 있는 형태를 발전시킨다. 어느 각도에서 바라보더라도 자연스럽게 조화를 이루도록 유의한다. 곡면들의 움직임과 기울기, 흐름의 변화에 따른 양의 볼륨과 음의 과의 관계를 살펴보고, 흥미로운 비대칭의 균형을 이루도록 한다.

□ 전체적인 느낌이 균형을 이루면서 의도한 바를 시각적으로 잘 전달하는지 평가한다.
□ 양의 볼륨과 비어 있는 음의 공간이 서로 조화를 이루는지 살핀다.
□ 곡선의 흐름과 이에 따른 면들의 변화가 자연스러운지 분석한다.
□ 주된 볼륨과 부수적, 보조적인 볼륨들이 유기적으로 연결되면서 조화를 이루는지 평가한다.
□ 모든 방향에서 살펴볼 때 흥미로운지 평가한다.

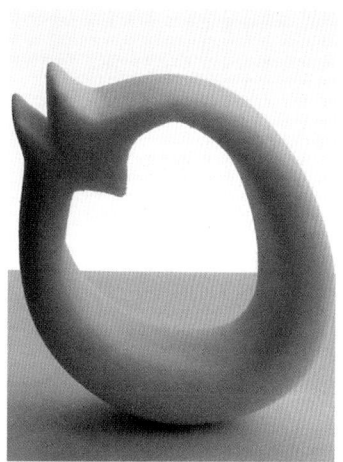

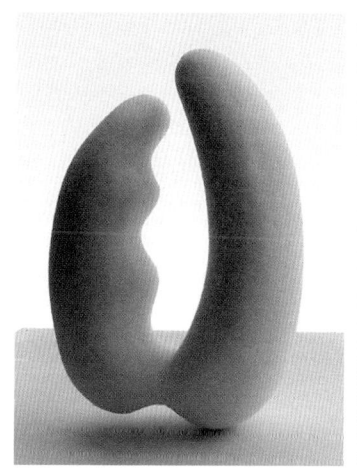

(4) 연속 면을 이용한 볼륨 표현

표현 목표

　　　　표현 목표는 면을 하나의 요소로 하여 연속된 면들의 관계에 의해 볼륨을 구성하는 데 있다. 단위 형태의 위치는 면들의 간격을 정하는 일과 관계가 깊다. 면들 사이의 간격을 좁거나 넓게 하여 다른 효과를 낼 수 있다. 간격을 좁히면 그 형태가 견고하다는 느낌을 주고, 간격을 넓히면 볼륨을 약화시킨다. 연속 면의 간격에 변화를 주지 않고 각 면의 위치를 점차 변경하면서 볼륨이 있는 형상의 다양한 왜곡을 체험할 수 있는 양적인 형태를 만들 수 있다. 크기나 형태 점이를 효과적으로 이용하면서 전체적인 이미지와 조화에 중점을 둔다.

재료 및 도구

　　　　얇은 판이라면 종이든 나무든 사용할 수 있다. 아크릴판은 투명한 효과를 내는 데 뛰어나고 큰 규모의 작품을 만들기 위해서는 합판을 사용할 수 있다. 판지의 경우 받침대에 부착할 수 있는 어느 정도의 두께가 필요하다. 건조가 빠르고 강력한 접착제를 사용하는 것이 좋다.

표현 조건 및 포인트

　　　　크기나 형태 점이를 효과적으로 이용하면서 전체적인 이미지와 조화에 중점을 둔다. 면의 형태는 육면체나 곡면체 어느 것이나 가능하다. 하나의 기본적인 기하학적 형태를 만들고 이것을 나열형으로 배치시켜 공간적 입체감을 표현한다. 형태나 크기가 점차 변화하는 점증 효과에 의해 새로운 볼륨감의 창조와 공간의 구성이 가능하다. 연속 면들의 간격과 기울기, 방향 등의 변화에 따른 입체 구성의 상관관계를 살펴보고, 어느 각도에서 바라보더라도 각각 조화를 이루면서 변화를 보여줄 수 있는 표현 방법을 시도한다.

　　　　□ 연속 면들을 배치함에 있어서 전체적인 분위기가 의도한 대로 표현되었는지 평가한다.

　　　　□ 위치 변화에 따른 면의 간격이 적절한지 살핀다.

　　　　□ 면들의 크기 변화가 적당한지 분석한다.

　　　　□ 면들의 방향 변화가 자연스럽게 조화되는지 분석한다.

　　　　연속 면을 세우는 과정에서 여러 가지 상관 요소들 가운데 위치와 방향은 중요한 요소이다. 크기나 방향에 변화를 주어 배치함으로써 연속 면들이 떴다가 가라앉는 느낌을 줄 수도 있다. 또한 연속 면들의 간격에 변화를 주거나 앞이나 뒤, 또는 좌우 시점에 변화를 주면 연속 면들의 형상이 다양하게 변화되므로 이러한 여러 가지 요소를 고려한 전체적 조화에 비중을 둔다.

입체와 공간 탐구

(5) 조각 형태를 이용한 공간구성

표현 목표

　　　　표현 목표는 기본형을 절단하여 매우 단순하면서도 감각적인 결과를 가져오는 데 있다. 이것을 분해하고 재조합하는 과정에서 새로운 형태가 만들어진다. 각각의 절단된 부분들을 본래의 형태보다 더 흥미로운 형태로 재구성 하는 데 의의가 있다.

재료 및 도구

　　　　육면체나 다면체 또는 구와 같이 단순한 기하학적 형태 가운데 하나를 선정한다. 형태가 결정되면 스케치를 통해 분할과 배치를 시도한다. 재료는 석고, 화이트 폼, 나무 또는 다루기 쉬운 어떠한 재료도 가능하다.

표현 조건 및 포인트

　　　　구를 네 개의 조각으로 절단한 후 재결합한다. 조각 형태로 나누어 자를 때는 각각의 조각이 그냥 남겨진 조각처럼 느껴지지 않도록 흥미로운 형태와 비율로 절단한다. 너무 복잡하지 않고 전체적으로 조화를 이루는 것이 중요하다.

　　　　▫ 전체적으로 흥미있는 볼륨의 형태로 구성되었는지 분석한다.
　　　　▫ 양의 볼륨과 그 사이의 틈에 의해 형성된 음의 볼륨이 긴장 관계에 있는지 살핀다.
　　　　▫ 조각들을 배치하는 데 있어서 전체적인 움직임이 고려되었는지 평가한다.
　　　　▫ 각각의 볼륨들이 남겨진 조각이 아닌, 의미를 갖는 요소인지 평가한다.

 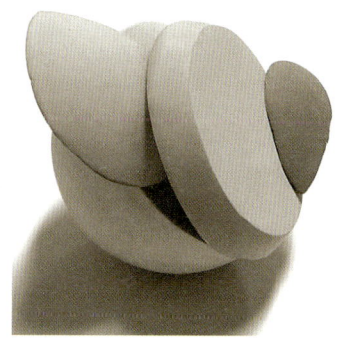 

4. 다면체

1) 다면체의 종류 및 특성

(1) 다면체의 개념

다면체는 평면 다각형의 조합으로 이루어진 입체물로서 매우 기본적이며 흥미로운 구조이다. 다면체를 만들기 위해서는 네 개 이상의 다각형면이 필요하며 평면의 개수에 따라 사면체, 육면체 등으로 불린다.

단순한 다면체 하나를 구성 요소로 전개도를 만들고, 하나씩 연결시켜 나가는 과정을 통하여 형태의 변화를 체험하고 흥미 있는 결합구조를 찾아내는 것은 입체의 개념을 확대하는 데 도움이 된다.

다면체의 요소

꼭지점 _ 세 개 또는 그 이상의 모서리가 만나는 교차점이다.

모서리 _ 인접하는 다각형들의 면이 서로 만나는 곳에서 형성된다. 즉, 하나의 모서리는 두 다각형에 의해 형성된다. 개념적으로 모서리는 선으로 표시된다.

면 _ 다면체의 면은 정다각형이거나 다각형일 수 있다.

① 플라톤의 입체

기본 입체the 5 regular solids라고 불리는 플라톤의 입체는 한 가지의 다각형으로만 이루어지는 기하학적 정입체형正立體型으로서 정사면체, 정육면체, 정팔면체, 정십이면체, 그리고 정이십면체가 있다. 정다면체는 다면체 중에서 가장 기본적인 것으로 한 종류의 정다각형이 각 꼭지점 주위에 같은 수, 같은 상태로 모인 것이다. 이와 같은 정다면체는 대칭을 이루며 단정한 아름다움을 드러낸다. 5개의 정다면체는 이들 형태를 기초로 다양한 입체형태를 유도해 내는 것이 가능하기 때문에 형태 연구에 있어서 중요한 위치를 차지한다.

● 정사면체

정사면체는 네 개의 정삼각형으로 구성되며 플라톤의 입체 가운데 가장 단순한 형태이다. 이러한 간단한 구조는 단순하고 견고하기 때문에 실제 여러 건축물이나 조형물 등을 통해 쉽게 찾아볼 수 있다.

정사면체의 요소

면 _ 4개
꼭지점 _ 4개
모서리 _ 4개

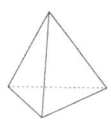

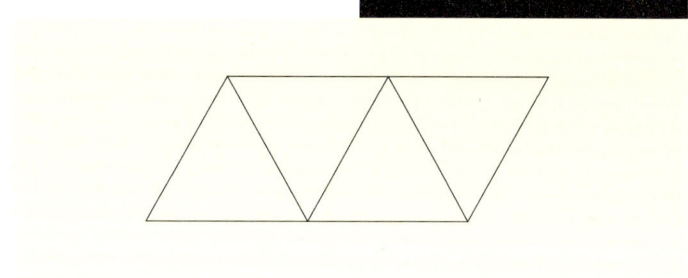

정사면체   정사면체 전개도

● 정육면체

정육면체는 정사각형 6개로 구성된다. 플라톤의 입체 가운데 가장 널리 알려진 형태이다. 공간의 효율성이나 구조적 합리성이 뛰어나 다양한 분야의 입체물로 활용되고 있다.

정육면체의 요소

면 _ 6개
꼭지점 _ 8개
모서리 _ 12개

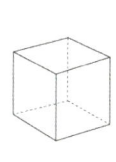

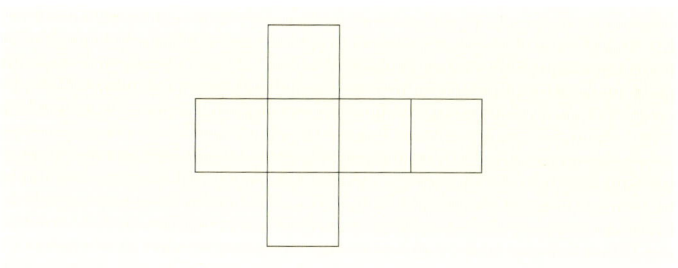

정육면체   정육면체 전개도

● 정팔면체

정팔면체는 8개의 정삼각형으로 이루어진다.

정팔면체의 요소

면 _ 8개
꼭지점 _ 6개
모서리 _ 12개

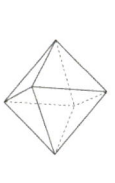

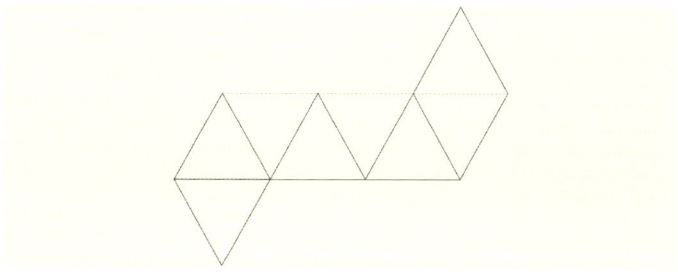

정팔면체   징팔면세 전개도

● 정십이면체

정십이면체는 12개의 정오각형으로 이루어진다.

정십이면체의 요소

면 _ 12개

꼭지점 _ 20개

모서리 _ 30개

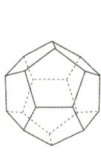

정십이면체

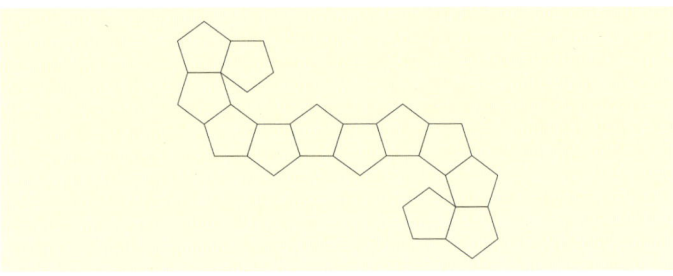

정십이면체 전개도

● 정이십면체

정이십면체는 20개의 정삼각형이 모여 이루어진다.

정이십면체의 요소

면 _ 20개

꼭지점 _ 12개

모서리 _ 30개

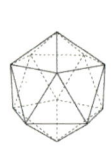

정이십면체

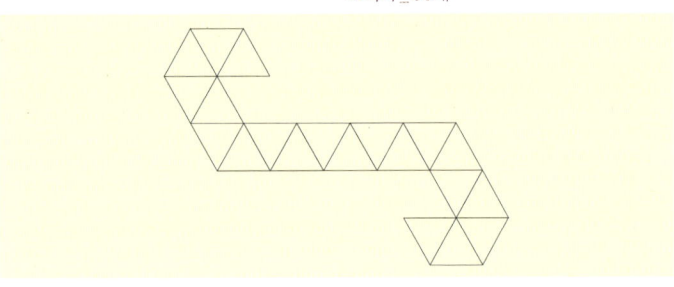

정이십면체 전개도

● 정다면체의 순환

정다면체는 그 형태가 서로 끊임없이 순환하는 특징이 있다. 정이십면체 안에는 정육면체가 들어 있으며, 정육면체로부터 정사면체, 정사면체로부터 정팔면체, 정팔면체로부터 정이십면체, 정이십면체로부터 정십이면체가 생겨난다. 이렇게 정십이면체에서 시작하여 다시 정십이면체로 만들어 갈 수 있는데 이것을 정다면체의 순환이라고 한다.

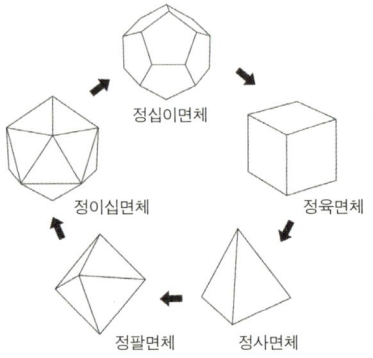

정다면체의 순환

입체와 공간 탐구

● 정다면체의 쌍대

각 정다면체를 이루는 정다각형의 무게중심을 이으면 새로운 정다면체가 생긴다. 다시 말하면 면과 꼭지점을 바꿔 넣은 다면체라고 할 수 있다. 예를 들어 정십이면체의 각 면을 이루는 정오각형의 무게중심을 이으면 정이십면체를 얻을 수 있으며, 반대로 정이십면체의 각 면을 이루는 정삼각형의 무게중심을 이으면 정십이면체가 된다. 정육면체와 정팔면체도 이러한 관계에 놓여 있다. 정사면체의 쌍대는 정사면체 자체가 된다.

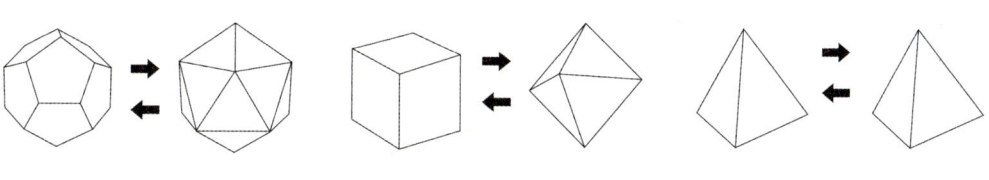

정십이면체와 정이십면체　　　　**정육면체와 정팔면체**　　　　**정사면체와 정사면체**

② 아르키메데스의 입체

한 가지 다각형으로 이루어진 플라톤의 입체와 비교한다면, 아르키메데스의 입체는 서로 다른 두 가지 이상의 정다각형으로 구성되어 있는 준정다면체semi-regular polyhedron로서 여기에는 13종류가 있다. 준정다면체는 정다면체를 변형시켜 만드는 방법에 따라 다음과 같이 네 종류로 나눌 수 있다.

● 절단 정다면체 Ⅰ - 꼭지점(정점) 자르기

각 꼭지점으로부터 일정한 거리에 있는 지점을 지나도록 평면으로 자르면 다음과 같은 다섯 가지의 다면체들이 만들어진다.

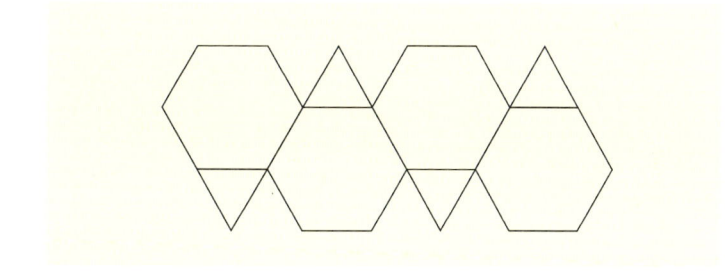

절단 정사면체　　　　**절단 정사면체 전개도**

절단 정육면체

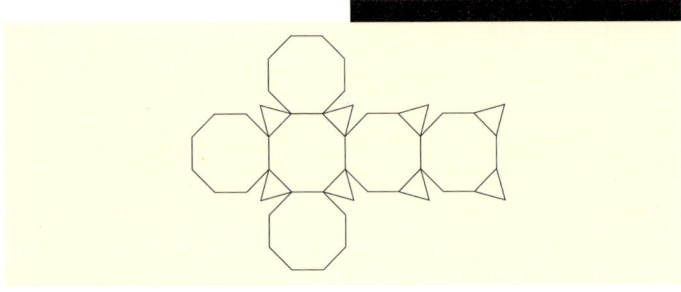

절단 정육면체 전개도

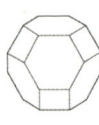

절단 정팔면체

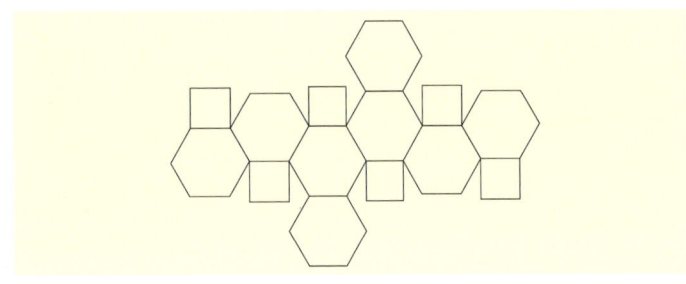

절단 정팔면체 전개도

절단 정십이면체

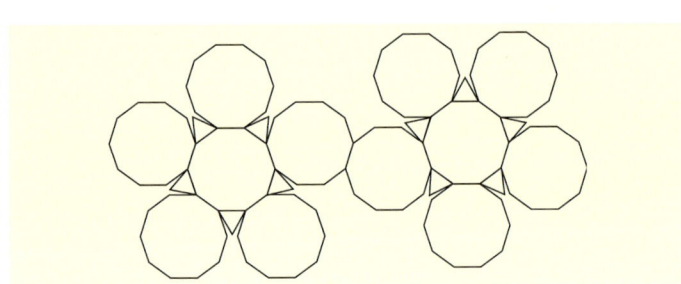

절단 정십이면체 전개도

절단 정이십면체

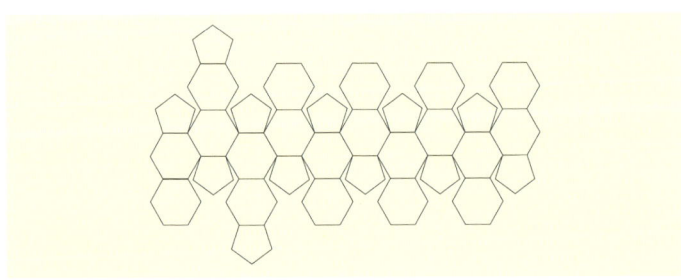

절단 정이십면체 전개도

● 절단 정다면체 II - 모서리 중간 자르기

각 꼭지점으로부터 중간이 되는 지점을 평면으로 자르면 다음과 같
은 준정다면체가 만들어진다. 정십이면체와 정이십면체의 각 모서
리 중간 지점을 자르면 동일한 모양의 준정다면체인 십이이십면체
가 된다. 또한 같은 방법으로 정육면체와 정팔면체의 각 모서리의
중간을 자르면 역시 동일한 형태의 준정다면체인 육팔면체가 된다.

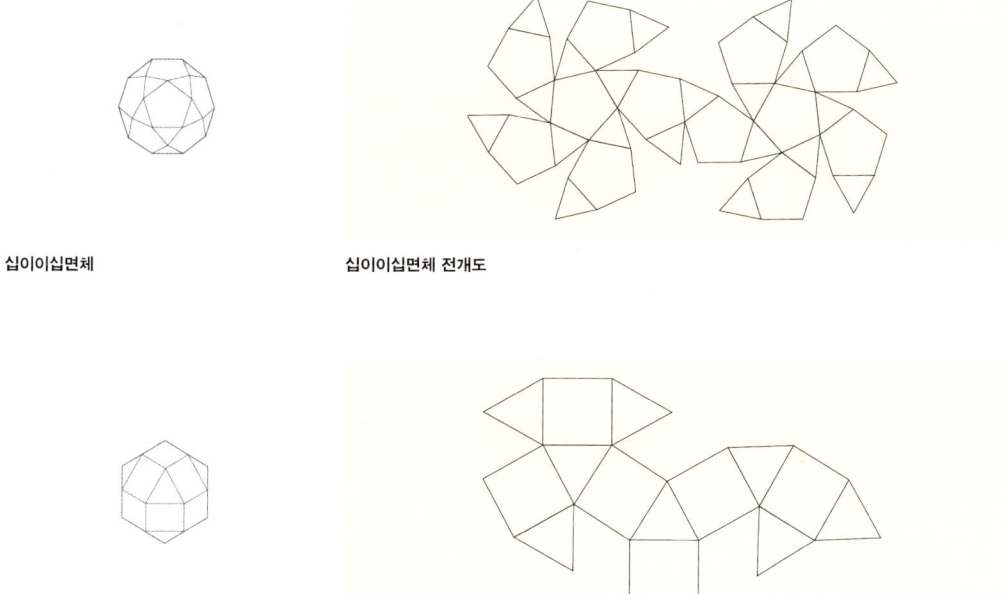

십이이십면체　　　　　　　　**십이이십면체 전개도**

육팔면체　　　　　　　　　　**육팔면체 전개도**

● 이중절단 정다면체

정다면체의 꼭지점 부분을 자른 후, 그 형태에서 다시 한 번 각각의
꼭지점을 자르면 다음과 같은 네 가지 준정다면체가 만들어진다.

이중절단 정육면체

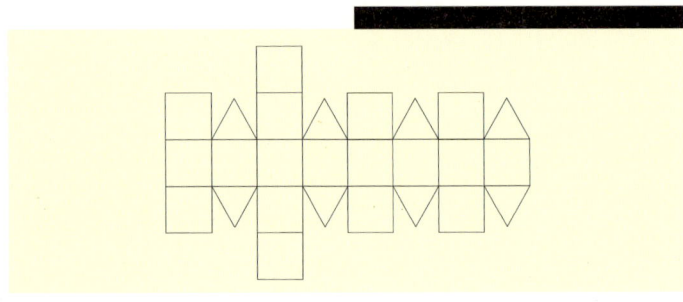

이중절단 정육면체 전개도

이중절단 정팔면체

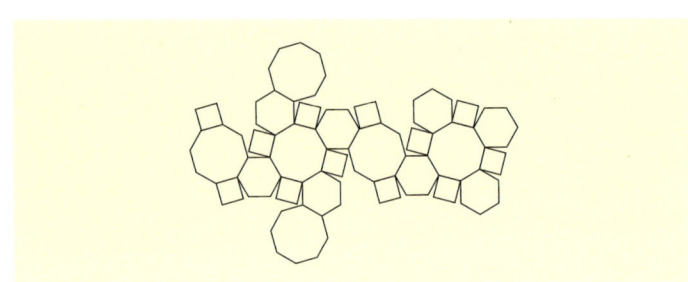

이중절단 정팔면체 전개도

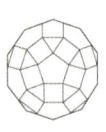

이중절단 정십이면체

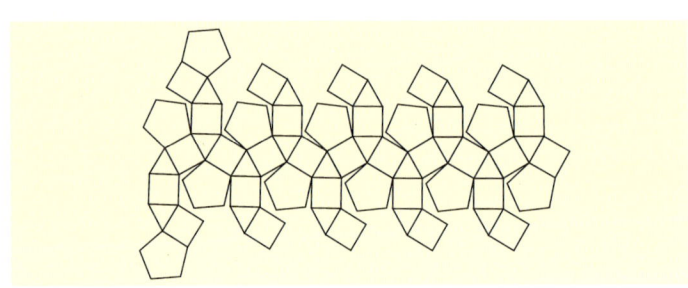

이중절단 정십이면체 전개도

이중절단 정이십면체

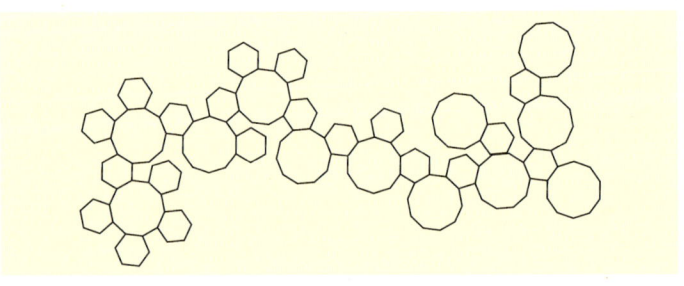

이중절단 정이십면체 전개도

● 부풀린 정다면체

정육면체의 각 면을 일정한 거리를 두고 떨어뜨린 후, 그 사이를 정
삼각형으로 메우면 부풀린 정육면체가 만들어진다. 같은 방법으로
정십이면체의 각 면의 사이에 정삼각형을 메우면 부풀린 정십이면
체가 만들어진다.

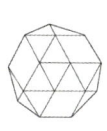

부풀린 정육면체

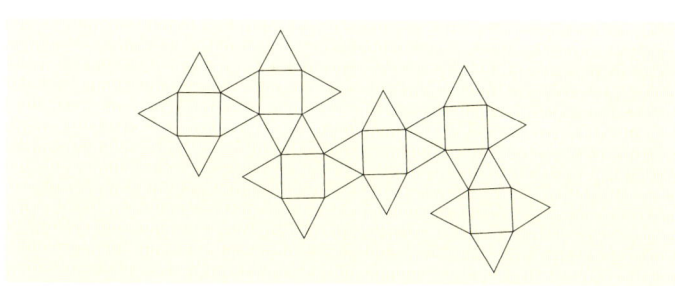

부풀린 정육면체 전개도

부풀린 정십이면체

부풀린 정십이면체 전개도

● 다면체의 구조 관계

가. 꼭지점의 변화

꼭지점을 자르면 새로운 면이 생기며 다면체의 형태가 바뀐다. 꼭지
점을 조금 자르거나 점점 더 많이 자르는 과정에서 이루어지는 형태
들은 다면체의 관계를 이해하는 데 도움이 된다.

정육면체에서 정팔면체로

　　　　다면체의 꼭지점을 자르는 다양한 실험을 통해 다면체의 모양이 바뀌어가는 것을 볼 수 있다. 정사면체와 정육면체의 꼭지점을 각각 절단하면 모두 정팔면체가 되며 육팔면체를 거쳐 이중절단 정팔면체와 같이 결국 똑같은 모양의 다면체가 만들어진다.

　　　　마찬가지 방법으로 정십이면체와 정이십면체의 꼭지점을 잘랐을 때도 똑같은 모양의 다면체로 변화되는 과정을 볼 수 있다.

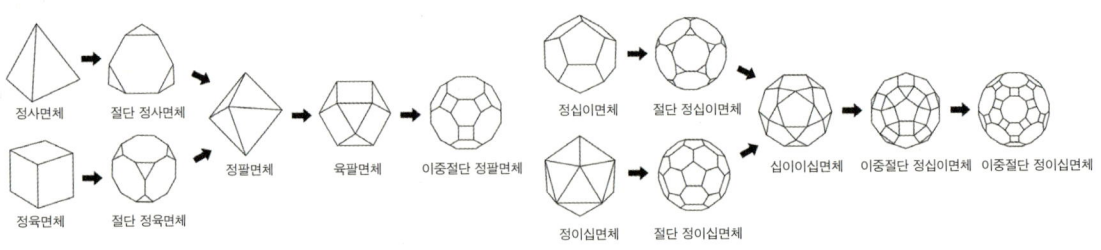

정사면체 → 절단 정사면체 → 정팔면체 → 육팔면체 → 이중절단 정팔면체

정육면체 → 절단 정육면체

정십이면체 → 절단 정십이면체 → 십이이십면체 → 이중절단 정십이면체 → 이중절단 정이십면체

정이십면체 → 절단 정이십면체

다면체로 변화되는 과정

나. 모서리의 변화

면과 면이 만나는 모서리를 자르거나 접는 과정을 통하여 새로운 형태의 조형물이 만들어지기도 한다. 직선적인 모서리가 곡선으로 휘거나 꺾어짐에 따라 새로운 면이 창조됨으로써 움푹 파이거나 부풀어 오르는 등 다양한 변화가 가능하다.

다. 면의 변화

다면체의 면 가운데 몇 개 또는 전부의 표면을 뚫어 내부의 빈 공간이 들여다 보이도록 할 수 있다. 다면체 자체와 이를 통해 보이는 배경 공간의 상호 관입은 조형물의 시각적 경량성을 부여하며 공간의 범위를 확장시킴으로써 시각적 흥미와 깊이감을 더해준다. 이밖에도 다면체의 평면들이 안쪽으로 들어가는 구조에 의해 다양한 형태 변화가 가능하다. 또는 피라미드처럼 반전되어 튀어나온 방법에 의하여 별과 같이 형태가 변화되기도 한다.

모서리 변화에 의한 새로운 형태의 창조

면의 변화에 의한 조형 효과

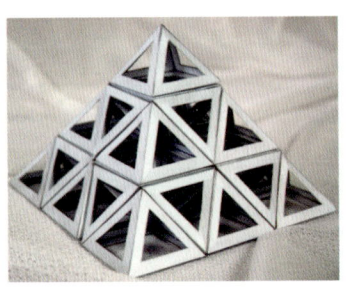

입체와 공간 탐구

2) 다면체로 표현된 공간

(1) 다면체와 조형물

다면체가 응용된 조형 작품은 우리 주변에서 흔히 발견할 수 있다. 감상을 위한 예술 작품을 비롯하여 실용적인 측면에서 접근한 조형물도 많다. 아래 사진①의 축구공 형상의 조형물은 공원에 설치된 구조물로서 다면체 형태가 적용된 것을 볼 수 있다. 거대한 크기가 시선을 사로잡으며 산뜻하고 선명한 색채는 시각적 흥미를 유도한다. 사진②는 전시를 위한 구조물로서 팔면체가 마치 기둥처럼 수직으로 연결된 공간구성을 보여 준다. 역시 커다란 규모와 산뜻한 색상이 적용되었다. 사진③은 건축물에 적용된 조형적 표현이다. 움직이는 듯한 다면체 형상들이 외부의 자연광을 내부에 전달해 주면서 이것을 통해 바깥을 내다볼 수 있는 창문으로서의 기능을 한다. 불규칙적이고 자유로운 움직임을 강조한 형태가 시각적으로 흥미 있게 표현되었다.

①

②

③

다면체 자체의 형태 변화도 흥미롭지만 이것이 적용될 공간과 조형 작품에 적용된 그래픽 요소 즉, 크기나 색채, 표면 그래픽 등에 의한 다양한 효과는 조형물을 더욱 개성적으로 만들어 준다. 아래 사진에서는 정십이면체, 정이십면체, 절단 정이십면체에 기하학적 패턴을 반복적으로 적용하여 착시

효과와 더불어 다면체를 더욱 다양한 느낌으로 보여준다. 위치
할 공간에 대한 적절한 크기나 색채가 적용된다면 보다 변화된
이미지의 조형물로 활용될 수 있다.

학생 작품
정십이면체　　　　　　　　　　**정이십면체**　　　　　　　　　　**절단 정이십면체**

(2) 다면체와 건축물

다면체의 구조적 특성과 시각적 흥미로움은 우리 생활의 다양
한 영역에 응용되고 있다. 무언가를 담거나 보호하는 건축적 역
할을 하기 위한 구조에는 다음의 세 가지 기본적인 방법이 사용
된다.

① 덩어리 구조 mass structure

벽이나 댐과 같은 덩어리 형태는 사용된 재질의 무게와 단단함의 기
능이 강조된다. 특히 건축 기술이나 재료가 한정되었던 시기에는 주
로 장벽이나 작은 건물 등에 활용되었으며 그 응용에 있어서 비교적
단순한 디자인이 적용되었다. 덩어리 형태의 거대한 구조물의 움직
이는 듯한 배열은 시각적으로 독특하고 강한 이미지를 전달한다.

덩어리의 볼륨이 표현된 공간

② 프레임 구조 frame structure

프레임 구조의 가장 큰 장점은 구조의 연결과 결합에서 찾을 수 있다. 프레임 구조는 매우 가볍고 유연하기 때문에 어떤 구성이건 조립하기 쉽다. 때로는 외부 표면에 다른 재질을 덮기도 하지만 이것이 구조적으로 강도를 높이는 것은 아니다. 놀이터의 정글짐과 같이 선형으로 이루어진 면의 구조적인 결합은 비어 있는 공간에 의해 투명감이 강조된다. 반복된 선과 공간의 규칙적인 결합은 양의 볼륨과 음의 볼륨에 의해 조화된 입체감을 더욱 돋보이게 한다.

③ 껍질 구조 shell structure

양감을 갖는 물체 주위를 싸는 얇은 재질로 이루어진 구조이다. 마치 조개껍데기와 같이 구부림이 일어나지 않고 표면에 압축과 끌어당김만으로 형성된 입체적인 면 구조를 쉘 구조라고 한다.

자연에서의 껍질 구조

아래의 첫 번째 사진은 '아이코사 쉘터Icosa Shelter'로
서 구조적인 면에서 볼 때 많은 장점이 있다. 이것은 노숙자들을 위
한 임시 거처로서 디자인되었는데, 조립이 쉽고 비교적 비용이 저렴
하며 무게가 가볍고 강하다는 장점이 있다. 이 밖에도 외부 구조를
이루는 사례는 돔형의 건축물을 비롯하여 레스토랑이나 전시장의
인테리어에 활용되기도 한다.

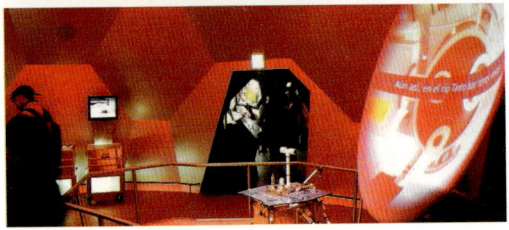

껍질 구조에 의한 공간

(3) 다면체의 응용

다면체는 공간 조형물이나 공간을 위한 건축물의 형태를 이루는
요소로 응용될 수 있다. 사진의 십이면체는 선에 의한 투명성이
강조된 다면체의 형상으로서 실내에 설치된 조형물이다. 간결한
구조와 신비한 아름다움이 강조되어 공간의 이미지와 조화를 이
루면서 시선을 사로잡는다. 그러나 다면체는 단지 바라보기 위
해 정지된 구조물에 한정되지 않는다. 즉, 그것을 바라보는 사람
과 상호 작용을 하며 그 안이나 밖에 있는 사람과 커뮤니케이션
을 가능하게 해준다.

다면체의 요소가 적용된 사례는 예술 작품뿐만
아니라 우리 생활공간에서도 쉽게 찾아볼 수 있다. 아래의 실
내디자인에서는 다면체가 해체되고 재결합된 것과 같은 자유로
운 이미지의 공간을 볼 수 있다. 벽과 천장에 적용된 면들은 들

조형물과 외부 공간에서 다면체의 응용

입체와 공간 탐구

어가고 나온 형태가 과감하고 불규칙하여 흥미와 호기심을 불러일으킨다. 벽면의 움직임이 강조된 면들과 이것의 연장으로서의 천장, 그리고 여기에 배치된 가구들이 서로 조화된 이미지로서 평범한 공간 형식에서 벗어나 새로운 입체감과 움직임을 표현하고 있다. 이와 같이 기존의 획일화된 구성에서 벗어나 공간과 벽, 바닥, 천장 등의 면들을 분해하여 새로운 시각에서 재결합시키는 과정을 통해 전혀 다른 느낌의 공간이 창조될 수 있다.

3) 다면체로 표현하기

내부 공간에서 다면체의 응용

(1) 다면체를 이용하여 구성하기

① 플라톤의 입체

표현 목표

표현 목표는 정다면체를 기본으로 하나의 단위 형태를 구성요소로 새로 조합하여 이미지를 표현하는 데 있다. 개별 형태가 결합되면서 전체적 형상을 이루었을 때 바라보는 시점에 따라 다른 느낌을 줄 수 있다. 어느 쪽에서 바라보든지 아름다움과 흥미를 느낄 수 있어야 한다.

재료 및 도구

다면체 단위 형태의 크기를 선정한 후, 종이를 사용하여 제작한다. 아이디어 스케치 과정에서 필요한 다면체의 개수를 파악하여 제작한다. 하나씩 원하는 위치에 접착제를 사용하여 붙여 나간다.

표현 조건 및 포인트

플라톤의 입체 가운데 정팔면체를 기본형으로 한다. 단위 형태를 조합하여 새로운 조형 형태를 창조하는 과정에서 흥미를 유발하고 조화롭게 구성하도록 한다. 제작의 포인트는 전체적인 대조와 조화에 중점을 두도록 한다. 결합하는 방식에 따라 자유로운 형상으로 제작할 수 있다. 색채의 변화에 의해서도 새로운 이미지가 창조된다.

학생 작품
정팔면체를 응용한 조형

② 아르키메데스의 입체

표현 목표

       표현 목표는 준정다면체를 변형한 단위 형태를 구성요소로 하여 새로운 조합으로 이미지를 표현하는 데 있다. 개별 형태가 연결되면서 새로운 형상을 이루도록 한다. 작품을 바라보는 시점에 따라 다른 느낌을 줄 수 있으므로 앞뒤, 좌우 어느 방향에서 바라보더라도 조화와 긴장감을 줄 수 있도록 한다.

재료 및 도구

       제작 의도에 따라 단위 형태의 크기를 정한 후 종이를 사용하여 제작한다. 다면체 단위 형태의 전개도를 바탕으로 필요한 개수만큼의 다면체를 제작한다. 하나씩 원하는 위치에 접착제를 사용하여 붙여 나간다.

표현 조건 및 포인트

       아르키메데스의 입체 가운데 하나를 자유롭게 선택하여 기본형으로 삼는다. 면 자체 또는 일부 표면에 적당한 크기의 면을 뚫어 내부가 보이도록 한다. 단위 형태를 조합하여 새로운 조형 형태를 창조하는 과정에서 흥미를 유발할 수 있도록 조화롭게 구성한다. 전체적인 대조와 조화에 중점을 두고 결합하는 방식에 따라 자유로운 형태로 제작할 수 있다. 색채의 변화에 따라 새로운 이미지가 창조된다.

학생 작품 **육팔면체를 응용한 조형**

학생 작품 **부풀린 정육면체를 응용한 조형**

3장 3차원에서의 운동·빛·일루전

1. 운동

1) 조형 요소로서의 운동

(1) 운동의 개념

조형에서 운동이란 일반적으로 시간의 전개에 따라 움직일 때 나타나는 궤적이나 이동을 뜻한다. 그러나 실제로는 움직이지 않지만 움직임을 지각할 수 있는 착시로서의 운동뿐만 아니라 동세의 표현까지를 포함하기도 한다. 이렇게 움직임을 동반하는 조형 장르를 통상 키네틱아트라고 하는데 키네틱kinetic이라는 말은 그리스어의 '키네시스kinesis:움직임'에서 유래한다. 운동은 과학 기술과 미디어의 발달로 인해 20세기 중반 이후부터 조형의 중요한 표현 요소로 인식되고 있다. 특히 상상력을 자극하는 표현 효과와 시각적인 재미는 그 이전의 어떤 장르보다도 진보적이기 때문에 근래에 이르러서는 테크놀로지technology와의 만남을 통해 그 활용 가능성이 더욱 증대되고 있으며 형식도 날로 다양해지고 있는 추세이다.

(2) 운동 표현의 기원

구석기시대의 것으로 알려진 스페인의 알타미라 동굴벽화를 보면 들소의 다리가 8개로 묘사되어 있다. 들소의 다리가 4개인 것을 감안할 때 이는 동세를 표현한 것이라 할 수 있는데, 현재까지 알려진 바로는 이것이 최초로 움직임을 표현한 시도이다. 그러나 근대 예술에서 최초로 운동을 조형의 테마로 삼은 것은 20세기 초의 미래파였다. 그들은 인간을 둘러싸고 있는 환경이 과학 기술에 의해서 크게 변화하고 있다는 것을 자각하고 새로운 미의 혁명을 제창하였다. 스피드의 역동적인 이미지와 기계의 아름다움을 찬양하고 신소재와 운동을 하나의 표현 요소로서 작품 안에 적극적으로 도입하고자 했다.

알타미라 동굴벽화의 들소

미래파 보치오니의 작품

2) 운동지각 요인

우리가 지각知覺하는 운동이란, 눈으로 보고 있는 대상의 이동이나 움직임을 뜻한다. 움직이고 있는 대상이 움직이는 것처럼 보이고, 움직이지 않는 대상이 정지해 있는 것처럼 보이는 것은 당연하다. 그러나 우리가 지각하고 있는 운동이 이 정도로 단순한 것만은 아니다. 즉 정지해 있는 대상이 움직이는 것처럼 보일 때도 있고 반대로 움직이고 있는 대상이 정지한 것처럼 보이는 일도 있다. 우리가 느끼는 운동은 본질적으로 실제의 움직임뿐만 아니라 보는 사람의 여러 가지 생리적·심리적 요인들의 상호 작용에 의해서도 나타나기 때문이다. 이렇게 객관적인 현상에 대해서 그와는 다르게 지각하는 것을 일루전illusion이라고 하는데 이러한 현상들은 대부분 우리가 의식하지 못하는 사이에 일어난다.

(1) 운동시차 motion parallax

눈앞에 있는 대상을 볼 때, 눈의 위치를 이동시키면 공간에 있는 대상의 위치가 일정한 방향을 따라 규칙적으로 변화한다. 이러한 효과는 달리는 자동차나 기차에서 창문 밖의 경치를 볼 때 더욱 뚜렷하게 관찰할 수 있다. 눈에서 가까운 대상들은 빨리, 먼 대상들은 서서히 움직이는 것처럼 보인다. 이렇게 가까운 대상과 먼 대상 사이에서 느껴지는 운동의 속도 차이를 운동시차라 한다. 우리는 운동시차에 의해서 시야에 있는 대상까지의 거리나 위치 관계를 파악할 수 있다. 즉 3차원의 공간을 여러 방향에서 관찰하는 것과 같은 이치이다.

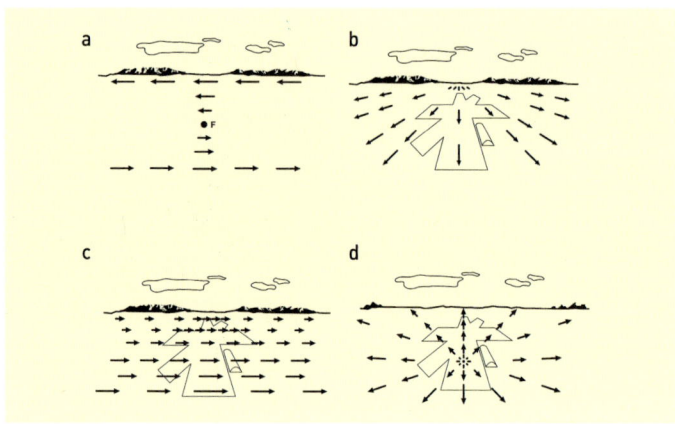

운동시차(Gibson, 1950)

a 움직이는 열차에서 창 밖을 보면 응시점 F보다 가까울수록 열차의 진행 방향과 반대 방향으로 세차게 움직이는 것처럼 보이고, 응시점 F보다 멀리 있는 것들은 진행 방향과 같은 방향으로 움직이는 것처럼 보인다.

b a에 있어서 응시점이 지평선이나 수평선일 경우의 움직임.

c 지평선이나 수평선을 향해 날고 있는 사람의 눈을 통해서 본 움직임.

d 착륙시에 조종석에서 본 움직임.
(b, c, d는 비행기로부터 바라본 모습)

(2) 유도운동 induced movement

일정한 방향으로 움직이고 있는 대상을 계속 주시해서 바라보다가 정지해 있는 대상으로 시선을 옮기면 움직일 리가 없는 대상이 움직이는 것처럼 보이는 것을 느낄 수 있다. 이러한 현상이 일어나는 것은 모든 운동지각에 관여하고 있는 운동잔상movement after image 때문인데, 운동잔상은 특히 유도운동을 발생시키는 중요한 요인으로 알려져 있다. 즉 유도운동이란 움직이고 있는 대상과 정지해 있는 대상이 있을 때, 정지해 있는 대상에 대해서 움직임을 지각知覺하는 현상이다.

(3) 가현운동 apparent movement

눈에 보이는 대상이 반복적으로 나타났다 사라졌다 할 때, 지각되는 움직임을 가현운동이라고 한다. 실제로는 움직이지 않지만 움직이는 것처럼 보이므로 운동잔상이나 유도운동도 가현운동의 한 종류라고 할 수 있다. 가현운동은 움직임을 지각하는 요인으로서 일찍이 고대로부터 연구되어 왔으며, 이제 우리의 일상에서도 흔히 접할 수 있게 되었다. 예를 들어 한 컷 한 컷의 정지 화면이 연속적으로 찍힌 필름을 영사기에서 돌리면 우리는 자연스런 움직임의 동영상을 볼 수 있다. 또한 야간에 점멸하는 교통 신호등이나 자동차의 깜빡이등을 통해서도 관찰할 수 있는데, 대상이 같은 공간적 위치에서 반복적으로 나타났다 사라졌다 할 경우, 나타날 때는 팽창해 보이고 사라질 때는 수축해 보이는 현상이다.

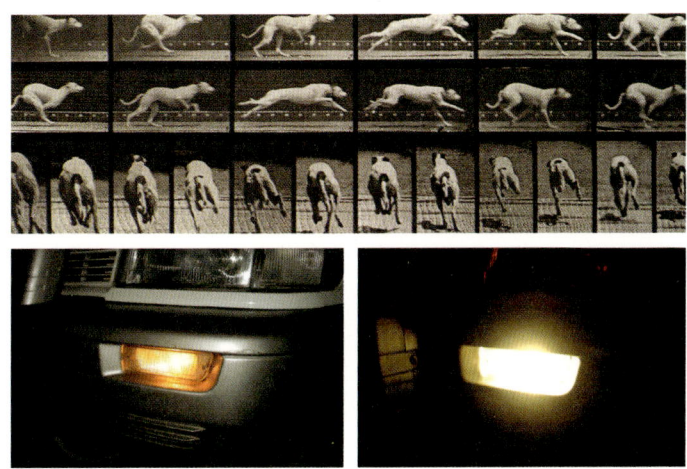

연속적인 흐름의 정지 화면과 자동차 깜빡이등

(4) 자동운동 self movement

어두운 공간 속의 한 지점에 고정되어 있는 불빛을 볼 때, 어느 정도 떨어진 거리에서 한참을 바라보고 있으면 그 불빛이 여러 방향으로 불규칙하게 움직이는 것을 느낄 수 있는데, 이를 자동운동이라고 한다. 자동운동은 주위에 위치 판단의 기준이 될 만한 대상이 없는 조건에서 일어나기 쉽다.

(5) 실제 운동 real movement

실제 움직이고 있는 대상에 대해서 움직임을 느끼는 가장 일반적이면서 당연하게 판단되는 운동지각 현상이다.

3) 운동의 표현 효과

(1) 시지각적 효과

시각적 착각을 일으키는 방법으로 표현된 것에는 다양한 형식의 작품들이 있다. 실제로는 움직이지 않지만 미묘한 운동 효과를 느끼게 하는 옵아트op art가 대표적이다. 빅토르 바자렐리Victor Vasarely로 대표되는 옵아트는 망막의 미술 또는 지각적 추상이라 불리며 1960년대에 등장하여 현대미술과 디자인에 커다란 영향을 끼쳤다. 심복섭의 작품은 이러한 옵아트의 특징을 고스란히 담고 있으면서도 빛과 기계장치에 의한 실제 움직임을 통해 그 효과를 한층 더 유니크하게 발전시켰다. 키네틱 아트 최초의 작품으로 알려진 마르셀 뒤샹Marcel Duchamp의 회전 유리판rotary glass plates도 기하학적 추상 형태에 실제의 움직임을 도입하여 중첩에 의한 깊이를 새롭게 해석해 낸 재미있는 작품이다. 그리고 사이키 조명의 타이밍과 회전체의 속도 관계를 이용해 3D 애니메이션을 만들어 낸 그레고리 바사미안의 자구라와 반사와 움직임을 통해 변화무쌍한 패턴을 만들어내는 만화경도 시지각적 효과를 표현한 좋은 예이다.

빅토르 바자렐리 **옵아트**

학생 작품

심복섭 **visual illusions in motion 13**

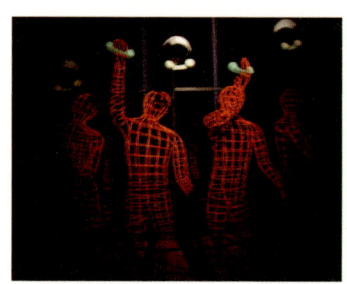

그레고리 바사미안 **자구라**

만화경의 다양한 이미지 변화

(2) 변위·변형의 효과

운동을 통해 표현할 수 있는 가장 일반적인 형식으로 전체 또는 부분의 공간적 위치나 형태가 변화하는 것을 뜻한다. 축과 축, 축과 매달린 형태와의 비례관계 등 표현 요소 간의 물리적, 시각적 균형이 중요하게 작용하는 모빌 스타일의 작품들이 여기에 해당한다. 또한 모터와 같은 인공의 동력을 이용하여 역동적인 움직임과 긴장감을 통해 다양한 변화를 끌어내는 작품들도 그 좋은 예이다.

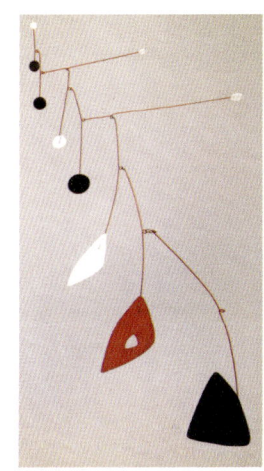

알렉산더 칼더

장 팅겔리

신칸 스스무

이도 다기미치

(3) 가상 볼륨의 효과

가상 볼륨이란 물체에 운동을 가했을 때, 잔상殘像으로 지각되는 볼륨을 뜻한다. 어떠한 형식으로든 반복해서 움직이는 경우에 그 형태적 특징이 잘 나타나기 때문에 주로 회전체에 의한 궤적으로 표현된다. 점이나 선적인 요소 또는 부피를 갖는 형체를 움직이게 함으로써 움직임 이전에는 볼 수 없었던 허상虛像의 볼륨을 만들어 내는 것이다. 시각적으로는 지각할 수 있지만 만질 수 없다는 것이 특징이다. 정월 대보름에 하는 민속놀이 중에 쥐불놀이가 가상 볼륨의 좋은 예라 할 수 있다. 이렇게 빛과 움직임을 이용한 많은 조형이 가상 볼륨을 표현하고 있으며 현대에 와서는 과학 기술의 발달로 인해 광원光源이 다양해지면서 그 형식도 다양해지고 있다.

쥐불놀이

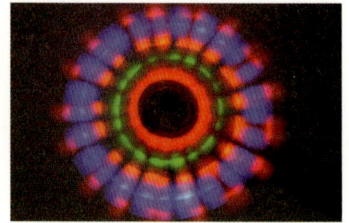

손 선풍기

(4) 동세·리듬

실제적인 운동의 표현이 아니라 움직임의 인상을 강하게 포함하고 있는 것으로서, 운동 표현의 영역으로 분류되기도 하고 때로는 제외되기도 한다. 동세는 움직임의 순간을 포착하여 표현하는 것으로, 움직임이 시작되는 시점으로부터 끝나는 시점까지 여러 순간 중에 가장 드라마틱하거나 역동적인 장면을 선택하여 표현하는 방법이다. 리듬은 일정한 요소에 변화를 주어 반복시킴으로써 연속적인 움직임을 만들어 내는 방법이다.

동세와 리듬의 표현

학생 작품

4) 운동을 이용한 표현

(1) 실제 움직임에 의한 표현

실제의 움직임을 이용한 작품들은 사용하고 있는 동력에 의해서
구분할 수 있다. 20세기 과학과 산업 기술의 발달은 예술가들에
게 여러 가지 동력원을 제공했지만 수력·풍력·자력 등의 자연
동력원도 많이 이용되고 있다. 인공 동력의 가장 대표적인 동력
원은 전기모터로서 회전운동, 왕복운동, 진동, 편차운동 및 컴퓨
터 컨트롤러에 의해 작동되는 움직임 등 운동의 형식을 보다 의
도적이고 논리적으로 표현하는 데 기여해 왔다. 이러한 테크놀
로지가 작가의 상상력과 교묘하게 결합하면서 실제 움직임에 의
한 표현은 이제 일일이 다 열거할 수 없을 만큼 많은 형식과 표
현 방법을 확보할 수 있게 되었다. 때문에 스스로 관심을 가지고
살펴보는 일이 무엇보다도 중요하다.

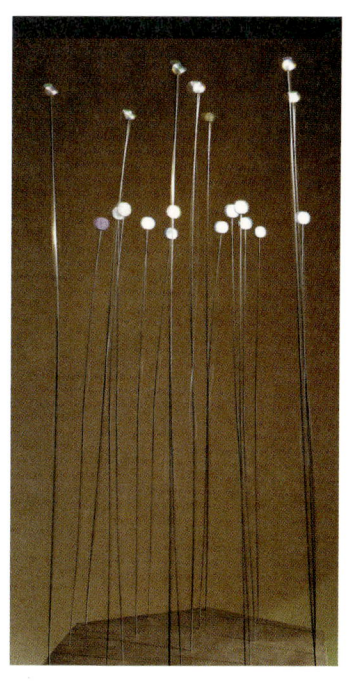

웬잉차이

마르타 보토

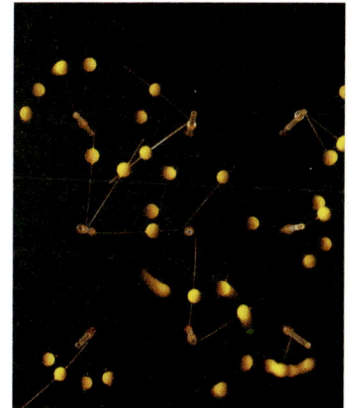

휴고 드마르코

니콜라스 쇠페르

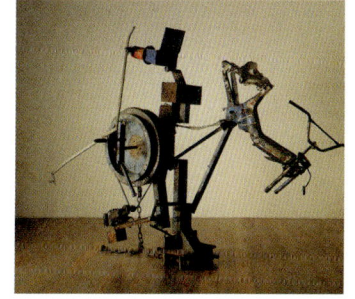

장 팅겔리

폴 뷰리

물레방아

(2) 시점 이동에 의한 표현

작품 자체가 움직이는 것이 아니라 감상자가 작품 주위에서 일정한 형식의 움직임을 통해 작품을 관찰해야만 표현 의도나 효과를 파악할 수 있는 형식을 뜻한다. 즉 움직임의 주체가 작품이 아닌 감상자인 것이다. 야콥 아감Yaacov Agam의 작품은 보는 방향에 따라 각기 다른 패턴을 볼 수 있는 릴리프 구조이다. 현재 트라이비전 광고용 사인으로도 많이 활용되고 있다. 루이비통의 쇼윈도우 디스플레이에서도 시점 이동에 의한 색다른 효과를 찾아볼 수 있다. 매장 외벽에 두 겹으로 오버랩시킨 패턴이 보는 이의 움직임에 따라, 또는 보는 방향에 따라 옵티칼한 변화를 만들어 내는 것이다. 이 디스플레이는 브랜드 이미지를 효과적으로 홍보하는 데 큰 역할을 하고 있다.

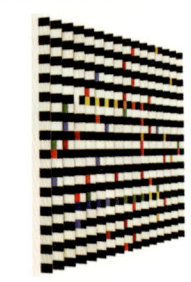 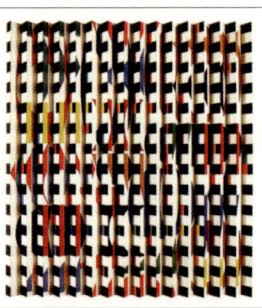 

야콥 아캄

 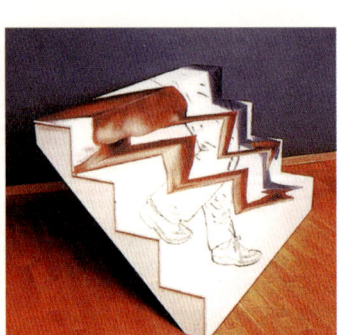

이스트반 오로즈

루이비통 쇼윈도우

학생 작품

(3) 인터렉티브한 표현

아날로그 형식의 표현 방식에서도 가끔은 찾아 볼 수 있지만 과학 기술이 발달하고 매체가 디지털화되면서 점차 많이 등장하게 된 표현형식이다. 즉 예술가가 감상자에게 일방적으로 전달하던 원웨이one-way커뮤니케이션 방식에서 벗어나 쌍방이 주고받을 수 있는 투웨이tow-way 커뮤니케이션 방식으로 작품의 표현 형식을 전환시킨 것이다. 작품에 설치한 센서가 감상자의 특정한 행위를 감지하고 반응함으로써 작품과 감상자간의 커뮤니케이션이 성립된다. 후지와라 마사키의 작품을 보면 벽면에 출입문을 만들고, 테이블 위에 책을 영상으로 설치하였다. 타블렛으로 펼쳐 놓은 책 위의 이미지를 건드리면 센서가 작동되어 문이 열리기도 하고 닫히기도 하며, 어린 소녀가 그 사이로 드나든다. 페이지가 넘어가면 또 다른 영상 이미지가 가상의 공간에 연출된다.

후지와라 마사키 **페이지를 벗어나**

제목처럼 책 속의 이야기가 책을 벗어나 새로운 공간속에서 재
탄생하는 듯한 느낌을 준다.

　　　장성환의 바퀴벌레는 센서를 이용한 영상 작품이
다. 감상자가 원형의 스크린에 다가서면 센서가 이를 감지하여
영상 장치가 작동한다. 슬며시 나타나서 꿈틀거리다가 재빨리
몸을 감추는 바퀴벌레 특유의 움직임과 뉘앙스가 실감나면서도
익살스럽게 표현되어 있다.

장성환 **바퀴벌레**

● **모빌 만들기**

표현 목표

　　　움직임을 표현하는 형식은 매우 다양하다. 그 중 모빌은 기류나
바람의 영향으로 움직임이 생성되는데 각 요소들 간의 시각적, 물리적 균형 관계
를 해결하는 것이 가장 중요한 과제이다. 일반적으로는 3~5단계의 층으로 구성되
는데, 각 층별 구성 요소들 간의 크기와 무게, 축의 길이, 그리고 연결부의 위치를
면밀히 검토하고 가장 적정한 기준을 찾아야 한다. 따라서 첫째로 균형에 있어서
시각적, 물리적 관계를 잘 이해하고 작품에 적용할 수 있는 센스를 키우는 것, 둘
째로 표현 대상에 대한 연구 분석을 통해 적절한 형태 요소를 개발하고 그에 상응
하는 재료와 가공법을 선택, 사용할 수 있는 안목을 키우는 것이 목표이다.

재료 및 도구

　　　종이, 목재, 철재, 플라스틱, 천 등 재료에 특별한 제한은 없다.
　　　다만 표현 효과와 콘셉트에 적합한 재료를 선택하고 적절한 가
공 방법을 이용하여 디테일 처리에 각별히 주의해야 한다. 도구 또한 선택한 재
료를 다루기에 알맞은 것을 이용해야 할 것이다. 처음 다루는 재료나 도구라면
충분히 그 특성을 파악하고 작업하도록 한다.

표현 조건 및 포인트

　　　① 우선 무엇을 표현할 것인가, 그 대상을 찾아 보자.
　　　　　(예 – 태풍, 어린왕자, 월광 소나타, 월드컵, 슈퍼맨 등...)
　　　② 표현 대상을 어떤 형태로 이미지화 할 것인지 형태 요소를
　　　　　개발한다. (대상에 대한 면밀한 연구, 분석을 통해 특징을
　　　　　찾아 내고 시각화한다)
　　　③ 모빌의 전체적인 구조 및 크기를 계획한다.
　　　④ 계획에 따라 모형을 제작하고 문제점을 찾는다.(각 요소끼리의
　　　　　연결 방법, 재질 특성에 따른 가공 방법, 시각적 · 물리적 균

형 상태)

⑤ 문제점을 개선, 보완하고 실제 제작 계획을 세운다.

⑥ 표현 대상의 이미지나 표현 의도가 잘 나타나도록 작업하여 마무리한다.

모빌은 기류나 바람에 의해서 움직이기 때문에 계획적으로 연출된 일정한 움직임이 아니라, 동력원의 강도에 따라 때로는 거칠고 격렬하게, 때로는 작고 미묘하게 움직임이 표현된다. 각 요소끼리의 연결 방법이나 균형의 정도에 따라 움직임을 어느 정도 조절할 수도 있다. 전체적인 구조와 밸런스, 재질에서 풍기는 이미지, 각 요소의 형태적 특징 및 색채 등의 조형 요소가 적절하게 어우러져야 한다. 어느 하나가 부족할 경우 어딘가 어색하고 유치해 보이기 쉽다.

작품 제작의 실제

① 개별 형태 및 구조도

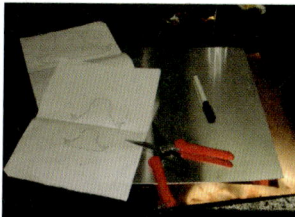
② 재료 준비

③ 부분 형태 제작

④ 연결 부위 제작

⑤ 축과 형태의 연결

⑥ 균형 조정

⑦ 최종 완료

그 밖의 같은 과정으로 제작된 연구 과제들

오즈의 마법사

뉴턴

나르시스

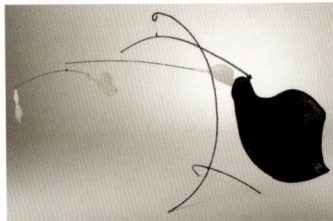

코코 샤넬

루이 마크스

2. 빛

1) 시각의 특성

(1) 정보 섭취

우리는 오감을 이용하여 정보를 습득하는데, 그 중 시각은 가장 핵심적인 역할을 하는 기관으로서 정보 섭취량의 70% 이상을 차지한다. 시각은 청각보다 10배 이상의 정보를 제공한다고 하는데 빛의 파동이 소리의 파동보다 훨씬 더 많은 정보를 운반할 수 있다는 것이 주된 이유이다. 왼쪽 그림은 감각기관이 형태인식과 정보 섭취에 어느 정도 관여하고 있는지를 나타낸 것인데, 정보 통신 등 과학 기술의 발달에 의해 시각 매체가 다양화되면서 정보 섭취에서 시각이 차지하는 비중은 점점 더 커지고 있는 추세이다.

형태 인식		정보 섭취	
시각	90%	시각	70%
촉각	10%	촉각	20%
		기타	10%

(2) 시각 인지 과정

우리가 흔히 본다고 하는 것은 보는 주체로서 인간의 눈과 보이는 객체로서의 대상을 빛이라는 매개체가 연결시켜 주기 때문에 가능하다. 빛이 눈에 들어오면 렌즈 역할을 하는 수정체가 초점을 조정하여 망막에 물체의 상이 맺히게 한다. 그리고 시신경은 빛을 신경 자극으로 바꿔 뇌에 정보를 전달하고 뇌는 그 정보를 토대로 시각적 판단을 하게 된다. 이러한 과정을 거쳐 우리는 눈에 보이는 대상을 인지認知하게 되는 것이다. 이를 도식화하면 그림과 같이 다섯 개의 과정으로 나누어 볼 수 있다. 첫 번째 단계는 어떤 물체가 존재하는 외부 영역으로서 물리학적 법칙의 지배를 받는다. 두 번째 단계는 생리적 과정으로 하나의 자극이 망막을 거쳐 대뇌피질까지 보내지는 중간 영역이다. 세 번째 단계는 대뇌피질에 도달한 자극을 해석하는 내부 영역으로 심리학적 법칙이 지배한다. 네 번째 단계는 뇌의 판단에 따라 반응하고 적응하는 사회적 행동 영역이고, 마지막 단계는 대상을 분석하고 이해하여 재해석하는 미적이고 창조적인 영역이다. 눈의 해

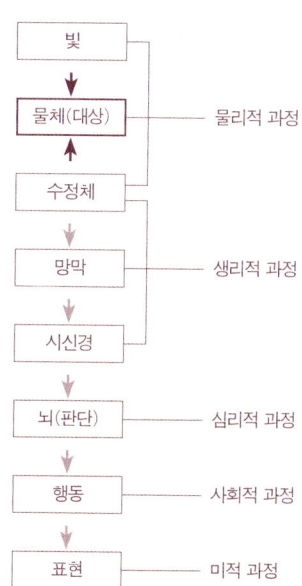

118

부학적 구조에서 볼 수 있는 것처럼 수정체를 통과한 빛은 망막에 상을 맺히게 하는데, 망막에 있는 중심와는 우리가 대상을 볼 때 시각의 중심에 놓이는 부분이다. 망막은 우리 시각에서 중심이 되는 조준점이며 눈에서 가장 민감한 부위이기도 하다. 또한 상뿐만 아니라 색채를 구별하는 원추세포로 들어차 있다.

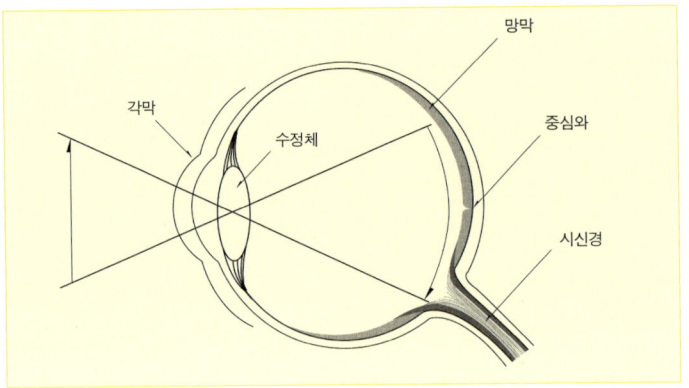

눈의 해부 구조

(3) 시각의 이중성

빛은 물리적으로 질서정연한 규칙에 따라 작동하기 때문에 시각적 인지 과정에서의 신경 변환이 매우 규칙적이며 사람들 사이에 거의 구조적인 차이를 갖지 않는다. 그러나 시각적 인상에는 감각 경험에 따른 관찰자의 해석이나 이해 능력이 판단의 배경으로 작용한다. 따라서 같은 대상을 보고도 다양하거나 또는 아주 상이한 반응을 보일 수 있다. 이것이 시각의 이중성인데, 시자극의 최초 처리 과정은 모든 사람에게 공통적이고 동일하지만 시각 경험은 눈에 주어지는 시자극뿐 아니라 뇌에 의한 감각 경험의 정도에 따라 다르게 나타난다.

2) 물리적으로 본 빛

(1) 빛의 성질

빛은 전자기파의 일종으로 지구가 탄생할 당시부터 우주로부터 쏟아져 들어왔다고 한다. 우리가 눈으로 볼 수 있는 가시광선도 전자기파의 한 종류라는 것은 이제 누구나 알고 있는 사실이 되었다. 빛에 관한 이론이 등장한 것은 멀리 고대 그리스시대부터였지만 근대에 와서야 우리는 여러 가지 인공적인 광원을 만들어 내기도 하며 생활공간을 편리하고 쾌적하게 밝힐 수 있게 되었다. 근대의 과학적 이론이 등장하기 이전에 유클리드는 빛이 항상 직진한다고 주장했고, 아르키메데스는 빛은 물질이 아니라 감각으로 느끼는 것이라고 했다. 그러나 17세기에 접어들자 뉴턴은 빛에 대해 체계적인 이론을 제시하면서 빛을 프리즘을 통해 분산되는 굴절률로 설명하기에 이른다. 그는 빛은 입자의 연속이라는 빛의 입자론을 내놓았고, 호이겐스는 빛의 탄성파설彈性波說을 이용하여 빛은 파동을 따라 진행하는 일종의 진동이라는 빛의 파동설을 제시했다. 오늘날 물리학에서는 이 둘 중 어느 한 가지 이론만으로는 설명할 수 없는 현상들이 나타남에 따라 두 이론 모두를 받아들여 빛은 입자이며 동시에 파동이라고 설명한다.

빛과 대상을 보다 효과적으로 다루고 관찰하기 위해 렌즈, 현미경, 망원경 같은 광학기기가 등장하면서 19세기에는 눈에 보이지 않는 빛도 있다는 것이 알려지게 되었으며, 결국에는 눈에 보이는 빛보다 보이지 않는 빛의 종류가 더 많다는 사실이 밝혀졌다. 우리가 감지할 수 있는 빛 중에서 가장 낮은 진동수를 가진 것은 빨강, 가장 높은 진동수를 가진 것은 보라로 보이는데, 빛의 색은 빛의 진동수에 따라 다르게 나타난다. 빨강과 보라 사이에는 무지개 빛을 형성하는 수많은 색들이 있는데 이 색들을 모두 합치면 흰색이 된다. 태양빛이 흰색으로 보이는 이유는 이처럼 모든 종류의 가시광선을 포함하고 있기 때문이다. 빛은 각각의 파장이나 진동수에 따라 각기 다른 이름으로 불리고 있다.

빛의 파장

태양에서 나오는 빛과 갖가지 복사선들은 몇 킬로미터의 아주 긴 것부터 극히 짧은 것까지 파장의 길이가 제각각이다. 이런 파장의 범위를 빛띠라고 하는데, 무지개는 자연이 만들어낸 가시광선의 빛띠이다. 가시광선의 파장은 약 400에서 700나노미터 사이에 있는데 나노미터는 10억분의 1미터(10^{-9}m)를 뜻한다. 손가락 하나의 굵기가 천만 나노미터쯤 된다고 하니 나노미터가 얼마나 작은 단위인지 알 수 있을 것이다.

진동수

물체의 위치나 전류의 세기 등이 주기적으로 변하는 것을 진동이라고 한다. 이때 단위시간에 같은 상태가 몇 번이나 반복되는가를 나타내는 양을 진동수라 하며 단위는 헤르츠(Hz)이다. 이는 주파수와 같은 의미로 쓰인다.

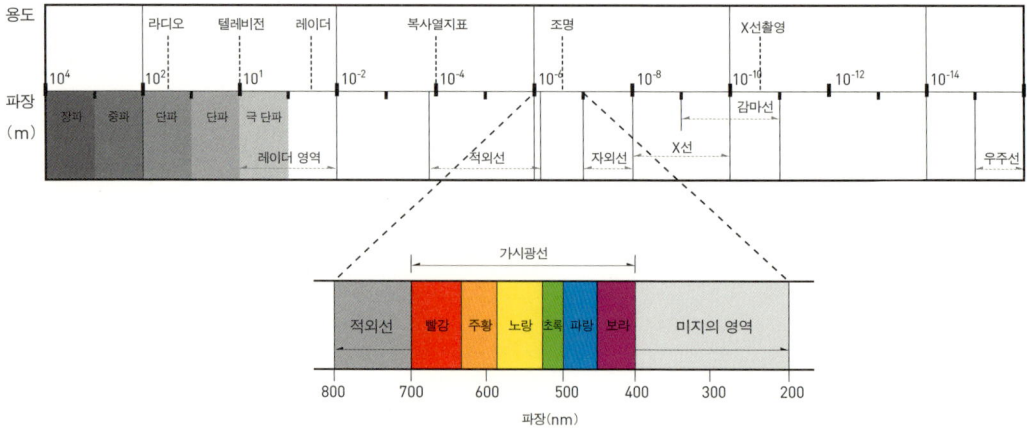

용도		라디오	텔레비전	레이더		복사열지표		조명		X선촬영			

파장(m): 10^4 10^2 10^1 10^{-2} 10^{-4} 10^{-6} 10^{-8} 10^{-10} 10^{-12} 10^{-14}

장파 중파 단파 단파 극 단파 레이더 영역 적외선 자외선 X선 감마선 우주선

가시광선

적외선 | 빨강 | 주황 | 노랑 | 초록 | 파랑 | 보라 | 미지의 영역

파장(nm): 800 700 600 500 400 300 200

빛의 스펙트럼과 종류

(2) 빛의 현상

① 반사와 굴절

우리가 눈으로 보는 대부분의 대상은 스스로 빛을 내지 않는다. 다만 태양이나 전등 같은 1차 광원과 밝은 하늘같은 간접광원에서 나오는 빛을 재방출하기 때문에 보이는 것이다. 재방출된 빛이 처음 빛을 발했던 물질로 되돌아가면 그 빛은 반사된 것이며, 재방출된 빛이 꺾여서 투명한 물질 속으로 진행하면 그 빛은 굴절된 것이다. 빛이 물질과 상호 작용을 할 때는 이러한 반사와 굴절, 그리고 흡수 및 투과 작용이 일어나게 된다. 빛의 반사와 흡수는 우리가 색을 지각하는 데 중요한 역할을 한다. 빛이 모두 반사되면 흰색, 반대로 모두 흡수되면 검은색을 띠게 된다. 또한 붉은빛만 반사되면 붉은색, 푸른빛만 반사되면 푸른색을 띠게 되는 것이다. 이처럼 우리가 갖가지 색들을 지각할 수 있는 것은 각각의 색에 해당하는 빛들은 반사되고 나머지 빛은 흡수되기 때문에 가능하다.

반사

굴절

② 분산

빛은 직진하지만 성질이 다른 매질을 만나면 일부는 반사되고 일부는 굴절하여 진행한다. 또한 매질에 따라 반사와 굴절의 정도가 다른데, 한 매질에서 다른 진동수의 빛은 다른 속도로 진행하기 때문에 빛이 굴절되는 정도도 다르게 나타난다. 빛이 프리즘에서 두 번 굴절되면 그 스펙트럼은 구별이 쉬워지는데 뉴턴이 프리즘을 가지

매질
힘이나 파동을 전달하는 역할을 하는 매개물

고 빛의 스펙트럼을 형성할 수 있었던 것은 이 때문이다. 이렇게 빛이 진동수에 따라 빛깔별로 정렬되어 분리되는 것을 분산이라 한다. 아래 그림은 프리즘을 통한 스펙트럼으로 빛의 분산을 나타낸 것이다. 무지개를 통해서도 우리는 분산 현상을 관찰할 수 있다.

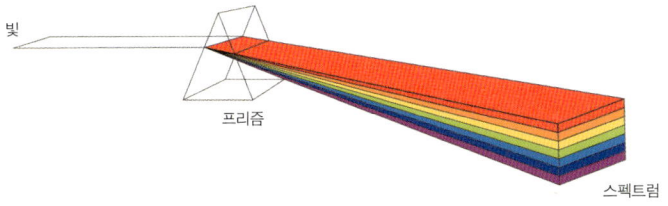

빛   프리즘   스펙트럼

빛의 분산

③ 간섭

간섭은 빛의 파동이 가지고 있는 특이한 성질의 하나로서 둘 이상의 동일한 진동수의 파동이 진행 방향이나 위상을 달리하면서 공간에 전파될 때 위치에 따라 파동이 크게 혹은 작게 나타나는 것을 뜻한다. 파동이 공존하는 공간에서 간섭의 결과로 만들어지는 모양을 간섭무늬라고 하는데 물가에 돌을 던졌을 때 돌이 떨어진 지점을 중심으로 동심원의 파문이 겹쳐지며 형성되는 것을 떠올리면 쉽게 이해할 수 있을 것이다.

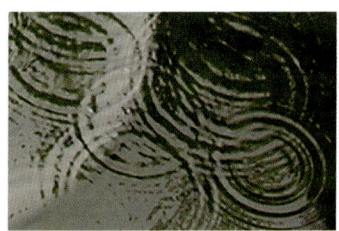

간섭과 간섭무늬

④ 산란

빛은 보라에서 빨강까지의 모든 빛깔이 섞여 있는 전자기파의 일종이다. 이 빛이 대기를 통과해 들어오는 과정에서 여러 가지 원자나 분자와 만나는데 그 일부가 방향을 바꾸고 흩어지게 된다. 이러한 현상을 산란이라고 한다. 즉 빛이 가지고 있는 에너지가 물질에 전달되어 전자를 진동시키면 전자의 진동수에 해당하는 빛이 사방으로 퍼지게 되는 것이다. 공기중의 작은 산소나 질소 분자들은 가시광선 영역 중에서도 특히 짧은 파장의 빛들을 훨씬 더 효과적으로 산란시킨다. 하늘이 파란색을 띠는 이유도 공기내의 분자들이 산란될 때 짧은 파장인 보라나 파랑이 긴 파장인 주황이나 빨강보다 더 많이 산란되기 때문이다.

3) 조형적으로 본 빛

(1) 색채 지각과 색채 혼합

① 색채 지각

태양의 백색광이 모든 가시광선을 포함하고 있다는 사실은 태양광이 프리즘을 통과할 때 나타나는 스펙트럼을 보면 알 수 있다. 바꾸어 말하면 모든 빛을 혼합하면 백색광이 된다는 것이다. 때문에 빨강, 파랑, 초록의 세 가지 빛만으로도 백색광이 만들어진다는 사실은 흥미로운 일이 아닐 수 없다. 이 세 가지 색상을 합성 원색이라고 하는데 우리의 망막에는 신기하게도 이 세 가지 색상에 민감한 3종류의 원추세포들이 있다고 한다. 우리가 색채를 지각할 수 있는 것은 눈에 들어오는 빛의 파장과 에너지의 함량, 즉 색상 외에도 명도와 채도라는 두 가지 요인에 영향을 받기 때문이다. 따라서 색상·명도·채도를 색채의 3요소라 한다. 색상은 저마다 가지고 있는 색 고유의 이름을 뜻하며 명도는 색의 밝고 어두운 정도, 채도는 맑고 탁한 정도를 나타낸다. 또한 색채는 보는 이의 정서적 반응을 불러일으키는데 간단한 예로 붉은 계통에서는 따뜻함, 흥분, 열정을, 푸른 계통에서는 차가움, 침착, 고요함을 느끼는 경향이 있다. 즉 색상마다 특정한 색 감정을 가지고 있으며 이는 정지나 위험을 뜻하는 빨강 신호, 진행을 뜻하는 초록 신호 등 우리의 일상 언어에도 담겨 있다. 즉 중요한 정보로서의 역할도 하고 있는 것이다. 일반적으로 색채의 적용은 한 가지만 사용되는 경우보다 두 가지 이상의 색채가 동시에 사용되는 경우가 많다. 그러므로 색채와 색채가 만났을 때의 배색 관계나 대비의 정도는 전체 이미지를 형성하고 지각하며 판단하는 데 아주 중요한 조형의 요소로 작용한다.

② 색채 혼합

● **가산 혼합**(빛의 혼합)

빛에 반응하는 망막세포에는 원추세포와 간상세포가 있는데 빛의 삼원색이 빨강, 초록, 파랑으로 정해진 것은 앞서 밝혔듯이 우리 눈에 분포한 세 가지 원추세포의 성질에 따른 것이라고 할 수 있다. 이 세 종류의 세포가 빛에 반응하는 비율에 의해 우리는 색상의 차이를 느낀다. 그러므로 이들 세포가 흥분하는 정도에 따라서 다양한 색상의 조합과 인지가 가능하다. 빛의 삼원색을 RGB라고 하는 것은 빨강red, 초록green, 파랑blue의 머리글자를 딴 것이다. 컴퓨터를 통해 모니터 상으로 우리가 보는 이미지들은 모두 가산 혼합에 의해 만들어진 색채들이다.

가산 혼합

● 감산 혼합(색의 혼합)

빛을 혼합하는 가산 혼합에서는 섞을수록 색이 밝아졌지만 색을 혼합하는 감산 혼합에서는 반대로 섞을수록 색이 어두워진다. 감산 혼합에서 색의 삼원색은 마젠타M, 시안C, 옐로Y인데 이들 중 둘이나 셋을 조합하면 백색광에 포함된 거의 모든 색을 만들 수 있다. 빛의 혼합에서 보면 마젠타는 실제 파랑과 빨강의 혼합이며, 시안은 파랑과 초록의 혼합, 옐로는 빨강과 초록의 혼합이다. 이것을 바꾸어 생각해 보면 물감의 마젠타는 빨강과 파란빛을 반사하는 것이고, 시안은 초록과 파란빛을, 그리고 옐로는 빨강과 초록빛을 반사해서 우리 눈에 전달해 주는 것이라 할 수 있다. 즉 마젠타, 시안, 옐로는 우리의 망막이 감지하는 빛의 삼원색을 혼합해서 얻어낸 색들인 것이다. 감산 혼합의 규칙들은 물감이나 잉크 같이 색을 지닌 물질들이 관여하는 모든 과정을 지배한다. 우리가 물감을 섞어 그림을 그릴 때나 인쇄 시에 색을 지정하는 과정에서 사용하는 CMYK도 감산 혼합의 한 방법이다. 이렇게 가산 혼합과 감산 혼합은 우리의 색채 지각 방식을 결정하며 모든 그림과 인쇄의 토대 역할을 한다. 그리고 색채지각은 색상, 명도, 채도의 변화 정도에 따라서도 크게 영향을 받는데, 여러 가지 색채대비 현상을 통해 착시를 만들어 내기도 한다.

감산 혼합

색채대비의 종류
색상대비 _ 서로 다른 색과의 대비
명도대비 _ 명도가 다른 색과의 대비
채도대비 _ 채도가 다른 색과의 대비
보색대비 _ 보색끼리의 대비
면적대비 _ 크기에 따른 양적대비
연변대비 _ 두색의 경계 부분의 대비
한난대비 _ 따뜻함과 차가움의 대비

CMYK _ 현대의 4색 인쇄는 감산 혼합의 삼원색인 마젠타(M), 시안(C), 옐로(Y)에 검정(K)을 더하여 이루어진다.

(2) 빛과 그림자

빛이 있는 곳엔 항상 그림자가 생기기 마련이다. 실 가는데 바늘 가듯 둘은 떨어질 수 없는 불가분의 관계이다. 빛과 그림자는 우리가 눈에 보이는 대상의 생김새를 파악하고 표현하는 데 매우 중요한 역할을 한다. 그 역할은 거의 절대적이라 할 수 있다. 그러나 만약, 빛이 있어도 그림자가 없다면 우리는 그 대상을 정확하게 관찰하거나 판단할 수 없을 것이다. 입체감이나 공간감을 느낄 수 없기 때문이다. 또한 형태를 표현하는 데 있어서도 마찬가지이다. 예를 들어 원을 그리고 그림자를 표현하지 않으면 그 원은 그저 이차원의 평면일 뿐이다①. 그러나 원 안에 그림자를 그려 넣으면 볼록한 구球가 되기도 하고② 오목하게 파인 홈이 되기도 한다③. 또한 원의 바깥에 그림자를 그리면 원이 어떤 표면 위에 놓여지기도 하고④ 공중에 떠 있는 것처럼 보이기도 한다⑤. 이렇게 그림자는 형태와 그 형태의 공간적 위치를 파악하고 표현하는 데 없어서는 안 될 중요한 조형의 요소인 것이다.

①   ②   ③   ④   ⑤

빛과 그림자의 관계

4) 빛의 표현 형식 및 효과

(1) 네온사인

네온사인은 네온을 넣은 유리관(네온관)을 변압기로 점등하여 색이나 문자가 변화하도록 만든 전기사인의 일종을 뜻한다. 유리관 속에 넣는 기체의 종류에 따라 색이 달라지는데, 네온은 적색, 수은은 청록색, 아르곤은 붉은 보라색, 헬륨은 오렌지색 등을 나타내며, 두 가지 이상의 기체를 섞거나 유리관을 착색함으로써 여러 가지 색채를 표현할 수 있다. 색채의 종류가 다양하고 유리관도 쉽게 굽힐 수 있어서 글자나 이미지 등의 디자인을 상당히 자유롭게 표현할 수 있다. 최근에는 그 종류가 늘고 제작기법과 원리도 다양해지고 있지만 아직도 가장 널리 사용되는 것은 고압 전기를 이용한 전통식 일반 네온이다. 네온사인 하나는 네온관 수십 개, 많게는 수만 개로 이루어지기 때문에 점멸기 회로에 따라 무궁무진한 효과를 연출할 수 있다. 따라서 주로 상업적인 목적으로 많이 활용된다. 1950년대와 1960년대에는

미국을 시작으로 키네틱아트, 팝아트, 추상 설치 등의 조형장르
에서도 모습을 나타내었고 그 이후로 현격한 발전을 이루었다.

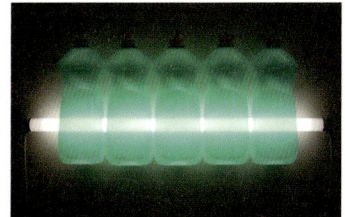
Bill Culbert 2004 **Dawn**

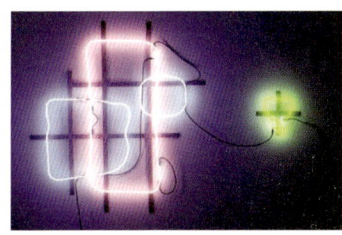
Burchill & McCamley 2002 **Transformer**

신주쿠역의 육교 공사 구간

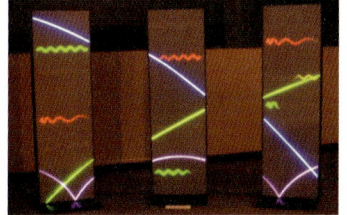
호즈미 타케시게

광고용 대형 네온사인

(2) 홀로그램

홀로그램hologram이란 홀로그래피 기술에 의해 만들어진 사진필
름을 지칭하는데, 그리스어의 홀로holo와 정보나 메시지를 뜻하
는 그램gram이 만나 이루어진 합성어이다. 말 그대로 홀로그램은
완전한 정보를 담고 있어서 거기에 레이저광선을 비추면 담겨있
는 이미지를 입체로 볼 수 있다. 빛을 기록한다는 면에서는 일
반 사진의 원리와 같다. 그러나 일반 사진은 단순히 피사체를 보
는 한 방향에서만 상을 기록하는 반면, 홀로그램은 여러 방향에
서 피사체의 삼차원상을 모두 기록하는 것이다. 또한 빛의 파장
을 저장하기 때문에 아주 작게 만들어도 엄청난 양의 정보를 그
안에 담을 수 있다. 이 기술도 레이저의 발명으로 가능하게 되었
다. 홀로그램은 빛을 통한 표현이기도 하지만 운동이나 일루전
과도 밀접한 관계를 가지고 있다. 왜냐하면 보는 위치나 방향을

달리함에 따라 홀로그램의 이미지 변화를 관찰할 수 있기 때문이다. 홀로그램은 기술적으로 필름 위에 상이 맺혀 있는 것이 아니라 간섭무늬들만을 담고 있다. 피사체에서 반사된 파장이 레이저에서 직접 온 파장과 뒤섞여 있는 것이다. 그러나 이 가상의 삼차원적 이미지 속에는 마치 눈앞에 있는 것처럼 현실적이고 명확한 삼차원상을 구성하는 데 필요한 모든 정보가 담겨 있다.

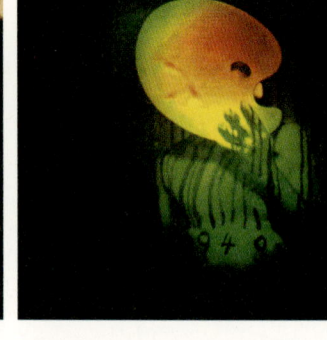

립프 부아쏘네 **깊은 곳으로부터**

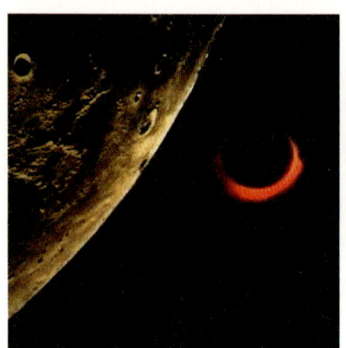

Georges Dyens **Lunaticc 2 Eclipse**

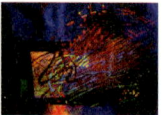

Adriano Gemelli **Readable-Wave**

(3) 레이저 아트

레이저는 아인슈타인에 의해 이론적 기초가 세워진 지 40여년이 지난 후에야 실용적으로 사용되기 시작하였다. 레이저는 아주 강한 단색광이기 때문에 혼색을 해도 채도가 떨어지지 않고 매우 선명하며, 간섭성 빛이기 때문에 적은 출력으로도 빛을 거의 무한대까지 뻗어 나가게 할 수 있다. 이러한 장점 때문에 레이저는 빛의 가능성을 탐구하는 많은 예술가들의 관심을 자극하는 새로운 도구로 일찍이 자리 잡을 수 있었다. 청색과 녹색을 만들어 내는 아르곤 레이저와 적색을 만들어내는 헬륨 네온 레이저 등을 이용하여 고도의 스캐닝 기술로 무지개 색을 만들어 내고, 이를 이용하여 다양한 시각적 효과를 연출할 수 있게 되었다. 레이저 아트의 표현 형식은 통상 세 가지로 구분되는데 첫째, 컴퓨터에 미리 입력한 애니메이션을 스크린에 투사하는 기법으로 예술 작품이나 광고 등에 많이 응용되는 방법이 있다. 두 번째는 3차원 공간에 레이저 빔을 직접 투영하여 투영된 빛의 폭을 다양한 크기로 연출하거나 빠른 속도로 스캐닝함으로써 또 다른 변화를 만들어 낼 수 있는 방법이다. 세 번째 방법은 2차원의 화면에 상을 투영하는 레이저 그래픽으로 건물의 외벽이나 가파르게 가로지른 절벽 등 다양한 형태의 스크린 위에 레이저 광을 고속 스캐닝하여 갖가지 그림이나 문자 등의 이미지를 선명하게 나타내는 것 등이다. 현재 레이저 아트는 빛을 이용한 새로운 표현 매체로서 초기의 단순한 표현 형식에서 벗어나 레이저를 설치하여 3차원적 조형을 만들어 내는 것은 물론 더 나아가 전자 사운드를 이용하여 청각적인 요소를 도입하거나 키네틱아트와의 혼합 등 여러 장르를 아우르는 복합 예술의 형태로 자리 잡고 있다.

피기PIGI 영상 쇼 **하이 서울 페스티벌**

서울랜드

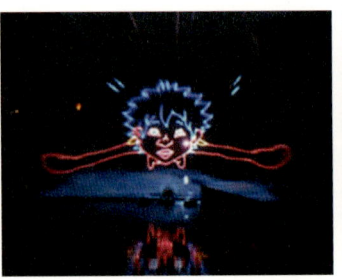
Lobo-interactive laser show(holiday park)

(4) 그 밖의 라이트 아트

① 그림자 놀이

어렸을 적 누구나 한번쯤은 그림자 놀이를 해 보았을 것이다. 촛불 하나 덜렁 켜져 있는 방안에서 손을 벽면 가까이에 대고 이리저리 모양을 만들어 보면 손에 숨어 있던 갖가지 동물들이 그림자가 되어 마술처럼 그 모습을 드러내곤 했다. 18세기 독일에서는 가위로 종이를 오려 만드는 실루엣 예술이 유행했는데 괴테도 이 놀이를 즐겼다고 한다. 또한 안데르센도 종이로 인형 등을 만들어 자신이 상상하는 장면이나 무대를 그림자를 통해 표현하기도 했다. 이렇게 그의 문학적 영감은 조형적 상상력이 뒷받침된 결과였다. 일반적으로 입체에서 생기는 그림자는 음영陰影의 성격은 없고 영영影影의 성격을 강하게 품고 있다. 그리고 그 입체를 자른 단면의 형상과 같으므로 빛이 비춰지는 각도, 그림자가 만들어지는 위치나 관찰자의 시점에 따라 다르게 나타난다. 이렇게 평면에 입체를 투영시키고자 하는 시도는 훗날 투시도법을 탄생시켰다. 고맙게도 그림자는 우리가 늘 보던 뻔한 세상을 색다른 시각으로 볼 수 있게 해 준다.

② 쇼윈도우 디스플레이

백화점 쇼윈도우를 장식한 디스플레이이다. 모빌을 연상하게 하는 형태의 조형물과 가죽백이 공간을 재미있게 구성하고 있다. 선으로 이루어진 타원형의 조형물 내부에는 가죽백들이 놓여 있고 그 중 천정에 매달린 것들은 미묘한 움직임을 만들어 낸다. 조명에 의해 이러한 움직임은 공간에 활력을 불어넣는데, 바로 그림자가 생성되면서 실물에서 느낄 수 없는 시각적으로 강력하면서도 은은한 효과를 만들어 내기 때문이다.

그림자를 이용한 표현

빛을 이용한 쇼윈도우 디스플레이

③ 스테인드글라스

3층 정도의 높이에 외벽이 스테인드글라스로 이루어져 있는 탑이다. 내부가 원형 계단으로 되어 있어 계단을 오르내리며 빛의 향연을 즐길 수 있다. 외부로부터의 햇빛이 형형색색의 유리를 투과하며 빚어내는 휘황찬란한 색채의 오묘함이 눈을 마비시킬 정도이다.

스테인드글라스 탑의 세부

④ 유리공예

유리는 매우 경이롭고 기묘한 물질이다. 돌같이 단단하지만 분자구조로 보면 액체나 다름 없으며, 공기처럼 투명하기 때문에 빛을 거의 통과시킨다. 이러한 물리적 특성으로 인해 유리는 신비하고 놀라울 정도로 빛을 다양하게 변화시키며 과학 기술과 예술의 발전에 지대한 공헌을 해왔다. 조명이나 용기로부터 인형, 배, 거대한 조형물에 이르기까지 그 쓰임새와 표현 영역은 이루 헤아릴 수 없을 만큼 다양하다.

다양한 유리제품들
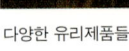

⑤ 건물 외벽

건물 외벽을 둘러싸고 있는 라이트 장치이다. 시간적 차이를 두고 순차적으로 빛깔이 달라지면서 도시의 밤거리를 아름답게 수놓는다. 거리의 모습은 활력을 띠게 되고, 보는 이들의 마음을 들뜨게 한다. 벽면뿐만 아니라 건물 위쪽에 설치된 네온사인 등 여러 가지 형식의 빛들이 다양한 모습으로 재미있게 구성되어 있다.

건물 외벽에 설치된 라이트

⑥ 빛과 소리

라파엘 로자노의 햄머라는 작품이다. 벽면의 스크린과 라이트 사이에 관람자가 위치하면 소음같은 소리와 함께 그 사람의 모습이 50KHz~1.5GHz 영역에서 리얼타임으로 스캐닝되어 그림자로 나타난다. 벽면에 가까울수록 크기가 작아지고 라이트에 가까울수록 크기가 커진다. 관람자가 앞뒤로 움직이면 음량이, 좌우로 움직이면 주파수가 조절되어 공간의 소리를 변화시키기도 한다. 우리의 몸이 일종의 안테나 역할을 하는 것이다. 작품이 설치된 공간이 가상의 라디오가 된 것 같은 재미있는 체험이다.

라파엘 로자노 **햄머**

● 투명 재료를 통한 빛의 입체 구성

표현 목표

빛의 물리적 특성을 이해하고, 재료와 형태 등 기초 조형과의 관계를 통해 그 효과를 관찰하고 탐구한다.

재료 및 도구

무색투명의 아크릴을 사용한다. 두께는 각자 연구 과제의 특성에 따라 2~5mm의 것으로 선택한다. 아크릴 절단용 칼과 톱 및 열처리를 이용하여 원하는 형태를 만들고 전용 접착제로 조립한다. 절단면의 투명한 느낌이 사라지거나 표면 광택에 흠집이 나지 않도록 주의한다.

표현 조건 및 포인트

① 투명 아크릴을 다양한 크기와 모양으로 잘라 빛에 반응하는 조형적 특성을 찾아본다.

② 그 중 몇 가지를 선택하여 연속적으로 배열하면서 표현 가능성에 대해 탐구한다.

③ ②를 근거로 전체적으로 어떤 구조의 조형물을 제작할 것인지 계획하고 스케치한다.

④ 전체의 구조와 형태에 필요한 각각의 단위 형태들을 만든다.

⑤ ③의 계획과 스케치를 기준으로 모양, 크기, 위치, 간격 등 각 기본 단위 형태의 관계를 다각도로 설정해 보고 최선의 어울림을 찾아낸다.

⑥ ⑤에 근거하여 전체 구조를 제작한다.

⑦ 재료 및 도구의 특성을 잘 이해하고 제작에 임한다.

두께에 해당하는 아크릴 판의 단면과 넓은 면이 받아들이는 빛의 작용을 잘 살펴서 표현하도록 한다. 각각의 면들이 어떠한 형식으로 반복되고 전개되면 좋을지 적절하고 효과적인 관계를 찾는다. 표면에 흠집이 나지 않도록 재료를 세심하게 다루고 접착면의 상태가 빛을 표현하는 데 방해되지 않도록 말끔하게 작업한다. 부분적으로 표면에 스크래치를 주어 빛을 받아들이고 반응하는 정도가 다르도록 표면 질감에 변화를 시도해 본다. 이외에도 여러 가지 상황과 요소가 새롭고 재미있게 어우러지도록 다양한 생각과 실험을 접목해 본다.

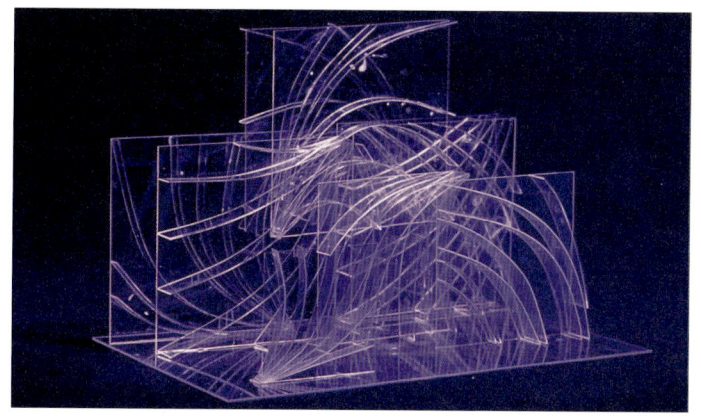

연구 과제 작품

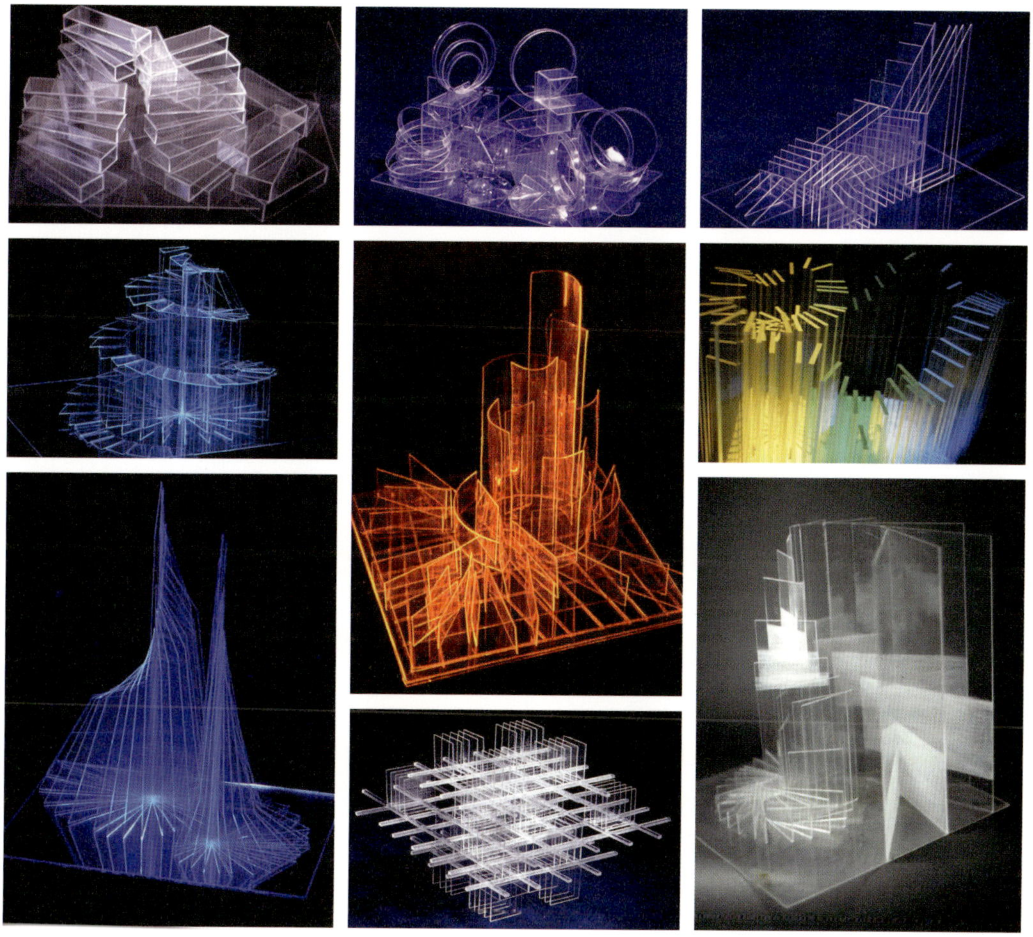

같은 과정으로 제작된 그 밖의 연구 과제들

3. 일루전 illusion

1) 입체·공간 지각 요인

(1) 양안시차

우리는 일상적으로 두 눈을 동시에 사용하여 대상을 관찰한다. 우리의 두 눈은 평균적으로 6.5센티미터 정도 떨어져 있다. 그 때문에 우리가 어떤 대상을 주시하고 있을 때, 대상이 먼 거리에 있으면 두 눈의 시선방향은 거의 평행을 이루지만 가까운 거리에 있으면 시선의 길이가 짧아져 시각 차이가 커지게 된다. 이렇게 두 눈 사이의 거리 때문에 생겨나는 시선방향의 차이를 양안시차라 한다. 시차視差에 의해서 왼쪽 눈과 오른쪽 눈의 망막에 맺힌 상에는 미묘하게 어긋난 차이가 나타난다. 이 어긋나 있는 상을 결합하여 하나의 일치된 상으로 보기 위해서는 두 눈의 망막에 맺힌 상의 대응점을 찾아내어 일치시키지 않으면 안 된다. 때문에 뇌는 두 눈의 망막에 맺힌 상을 일치시키는 데 필요한 거리, 즉 상의 어긋난 차이를 근거로 깊이를 판단하는 것이다. 그림처럼 피라미드형의 대상을 볼 때, 관찰자의 두 눈은 서로 다른 위치에 있기 때문에 두 눈의 망막에 맺힌 상에는 다소간의 차이가 생기게 된다. 이렇게 우리가 보는 대상을 입체적으로 지각할 수 있는 것은 기본적으로 양안시차가 존재하기 때문에 가능하다.

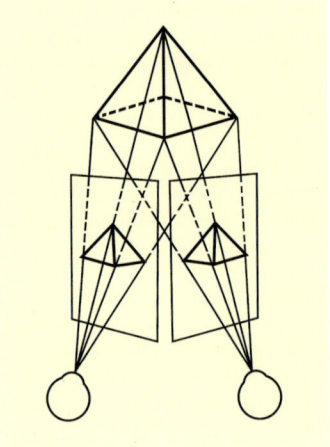

양눈의 시차

(2) 상대적 크기

우리는 형태를 통해 크기를 지각하고, 형태와 크기를 가진 대상은 구체적인 사물로 인지된다. 그리고 삼차원 공간의 성질은 상하, 전후좌우의 방향성에 의해서만 결정되는 것은 아니다. 같은 대상을 각각 좌우에 놓고 비교해 보면 공간오차가 나타나는데, 일반적으로 우측을 크게 보려는 경향이 있다. 상하에 있어서도 위에 있는 것이 크게 보이는 경향이 있는데, 실제로 알파벳 S나 숫자 3, 8과 같이 상하가 같은 형태와 구조로 이루어진 글자를 살펴보면 이를 알 수 있다. 이런 글자들은 윗부분과 아랫부분의 크기가 같아 보이게끔 하기 위해 위쪽이 작고 아래쪽이 크게 디자인되어 있다. 이러한 시각적인 조정을 거쳤기 때문에 우리 눈에는 위아래가 거의 같은 크기로 인식된다. 그러나 거꾸로 뒤집어서 보면 위아래의 크기 차이를 명확히 느낄 수 있을 것이다. 또한 우리는 크기를 판단할 때, 망막에 맺힌 상像의 크기만이 아니라 대상까지의 거리도 계산에 넣는데, 객관적으로 같은 크기를 가진 대상이라도 형태에 따라 크기가 다르게 보일 수 있다. 일반적으로 예각을 포함하고 있는 도형은 크게, 둔각이 많은 도형은 작게 보인다. 즉 별 모양은 삼각형보다 크게, 삼각형은 사각형보다 크게 보인다는 것이다. 동일한 기하학적 형태라도 시각적인 크기가 현저히 다르게 보이는 것은 크기에 관한 착시도형을 참고하면 이해할 수 있다. 그 밖에 색채도 크기의 지각에 영향을 미치는데 팽창색, 수축색 등이 그것이다. 색의 3가지 속성 중, 크기의 지각에 가장 큰 영향을 끼치는 것은 명도인데 이는 밝고 어두운 정도가 가장 쉽고 빠르게 우리에게 지각된다는 것을 의미한다.

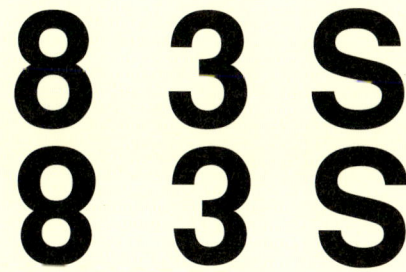

크기의 조절

(3) 원근법

입체나 공간을 평면에 현실처럼 표현하는 방법으로「선 원근법」과「대기 원근법」이 있다. 선 원근법은 르네상스 시대에 완성된 것으로 기하학적 합리성에 기초한 도학적 표현 방법에 의해 깊이를 지각하게 한다. 멀리 있는 것은 작게, 가까이 있는 것은 크게 표현함으로써 거리에 의한 입체감이나 공간감을 나타낼 수 있다. 이에 비해 대기 원근법은 색채나 농담을 이용하여 표현한다. 흔히 바깥 풍경을 보면, 가까운 곳은 명확한 윤곽을 따라서 선명하게 보이지만, 먼 곳은 안개가 낀 것처럼 뿌옇게 보인다. 이것은 대기층에 의해 빛이 흩어져 단파장의 빛밖에 눈에 들어오지 않기 때문이다. 그 결과 멀리 있는 것은 희미하게 보이는데, 이것을 원근감을 표현하는 단서로 활용한 것이다.

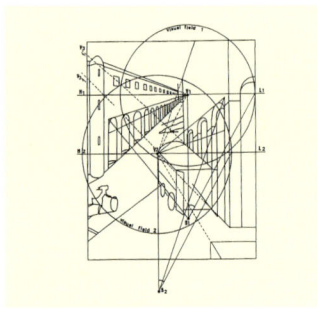 

선 원근법과 대기 원근법

(4) 빛과 그림자

그림자는 빛이 물체에 비춰졌을 때 생기는데, 물체 자체의 측면 부위에 형성되어 지각되는 음Attached Shadow①과 물체가 놓인 면의 주위에 투영되어 지각되는 영Cast Shadow②으로 분류할 수 있다. 이 둘은 개별적으로 지각되는 경우도 있지만 일반적으로는 ③과 같이 물체의 주변에 음영으로써 함께 분포하는 경우가 많다. 만약 물체에 음영이 없다면 그것은 입체나 공간이 아닌 2차원의 평면으로 보일 것이다. ①은 음만 있고 영이 없기 때문에 평면에서 솟아오른 볼록면이나 공간에 떠 있는 구球처럼 지각되

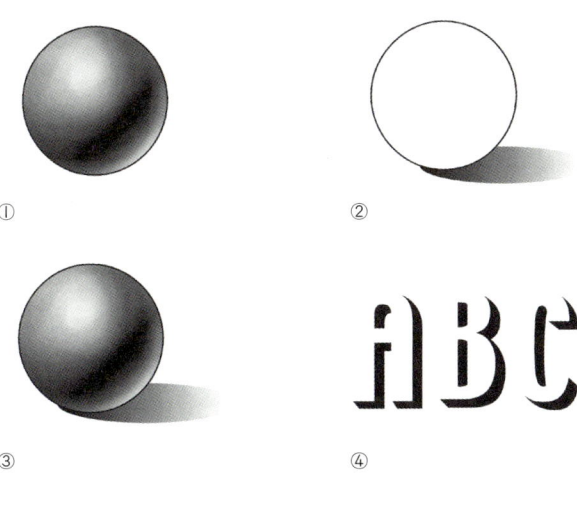

① ② ③ ④

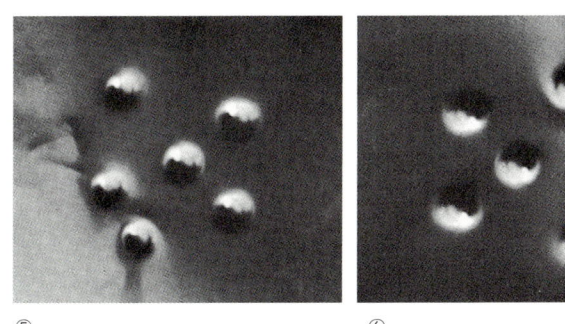

⑤ ⑥

지만, 평면에서 움푹 들어간 오목한 면으로는 지각되지 않는다. 그러나 ⑥에서는 오목한 면으로 보이며 이를 거꾸로 한 ⑤에서는 볼록한 면을 볼 수 있다. 즉 우리는 통상적으로 빛은 위로부터 도달하는 경우가 많다는 것을 경험적으로 알고 있기 때문에 음이 아래쪽에 있으면 볼록면, 위쪽에 있으면 오목한 면으로 지각하기 쉽다는 것이다. 그리고 ④는 음으로만 표현되어 있지만 우리는 여기서 ABC라는 문자를 지각할 수 있다. 이는 빛이 직진하는 성질을 가지고 있으며, 그 빛이 만들어낸 음으로부터 일종의 뚜렷한 경계 부분이 생성되기 때문에 가능하다. 즉 문자의 영역을 배경으로부터 구분하는 주관적 윤곽이 지각된다는 것이다. 이렇게 빛과 그림자의 관계를 잘 이해하고 다루는 것은 조형 표현에 있어 상당히 중요하다.

(5) 형태 간결성

프래그낸츠Pragnanz의 원리라고도 하는 이 현상은 간결한 형태가 복잡한 형태보다 지각의 우위에 있다는 것을 설명해준다. 아래 그림을 보면 ③, ④가 삼차원적 인상을 주는 것에 비해 ①, ②는 그렇게 보이지 않는다. ①은 전혀 입체감이 없고, ②는 겨우 느낄 수 있는 정도이다. ③에 가서야 확실한 입체를 볼 수 있으며, ④는 완전한 입체로서의 성질을 잘 드러내고 있다. 왜냐하면 ①은 육각형이 등형 분할된 보다 규칙적이고 간결한 평면의 형태로 이루어졌기 때문에 입체감을 느낄 수 없다. 그러나 ④는 평면으로서는 불규칙적이지만 입체적으로 볼 때는 규칙적이고 간결한 형태로 이루어져 있기 때문에 입체로서의 특징을 강하게 지각할 수 있는 것이다. 이렇게 보다 간결한 형태로서 체계화되는 경향이 깊이 지각의 성립에 관여하고 있다.

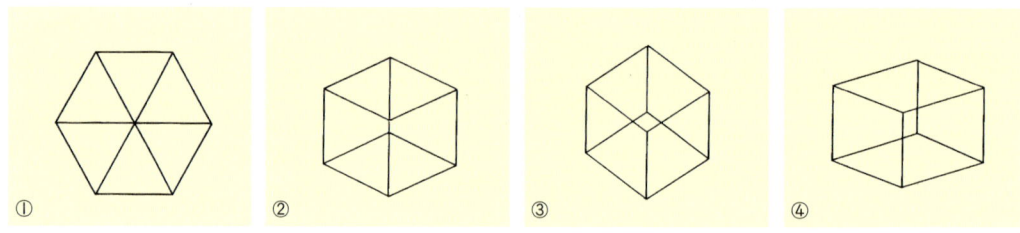

형태에 다른 깊이 지각의 차이

(6) 결 기울기

결 기울기texture cradient는 깊이를 지각하는 매우 강력한 단서로 대상의 표면이 어떻게 보이느냐와 관련이 있다. 즉 멀리 있는 것은 작게 보이고, 작게 그리면 멀리 있는 것처럼 보이듯이, 가까이 있는 것은 표면의 결이 넓고 거친 반면 멀리 있는 것은 결이 가늘고 촘촘하게 보인다는 것이다. 결국 결 기울기는 표면의 공간적 배열에 근거한다고 할 수 있다.

결 기울기의 예

(7) 중첩

하나의 형태가 다른 형태의 일부를 가리고 있을 때, 가리고 있
는 형태는 가려진 형태보다 앞쪽에 있는 것처럼 보인다. 즉 중첩
은 두 형태 사이의 상대적 깊이를 표시해 주는 것이다. 그러나
둘 중 하나가 다른 하나보다 앞에 있다는 것은 알아도 둘 사이의
거리가 어느 정도인지는 알 수 없다. 아래의 좌측 그림은 이러한
원리를 역으로 이용한 재미있는 사례이다. 가리고 있는 것처럼
보이는 카드가 실제로는 뒤에 있는데도 앞에 있는 것처럼 지각
되는 것이다. 우측 그림에서 보이듯이 이미 고대 이집트에서도
앞뒤 관계를 표현하기 위해 벽화에 중첩의 기법이 사용된 예를
찾아볼 수 있다.

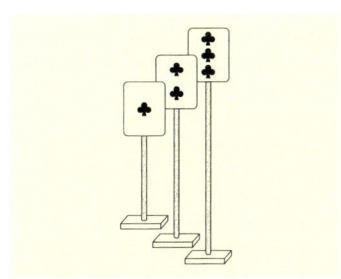

중첩에 의한 표현

2) 3차원에서 일루전의 표현 형식 및 효과

(1) 깊이 지각에 의한 표현

① 적층

일반적인 입체는 보는 방향에 따라 각기 다른 모습을 관찰할 수 있다. 그에 비해 평면의 적층으로 형성된 입체는 정면에서 보면 판판한 평면의 겹침이 되고 측면에서 보면 평면의 단면 부분이 선의 연속적인 흐름으로 보인다. 그리고 간격을 두면서 적층을 하면 그 효과는 더욱 강조되어 2차원과 3차원의 틈새에 독특한 표정을 만들어 낸다. 보통 적층은 수평 방향이나 수직 방향으로 구성하는데, 수직 방향의 것이 보다 조형적이고 짜임새 있는 느낌을 준다. 이는 복수로 겹쳐져 있는 평면의 형태 요소가 정면에서 잘 보이도록 되어있기 때문이다. 소재나 표현 방법에 따라서도 다양한 효과를 연출해낼 수 있다.

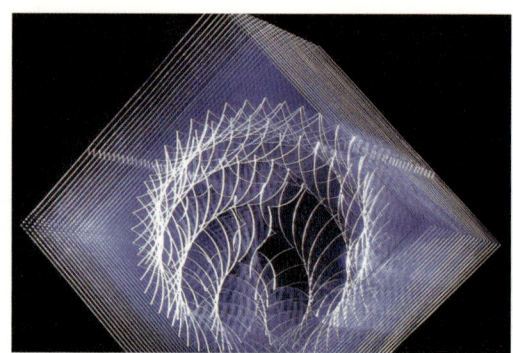

수직 적층   수평 적층

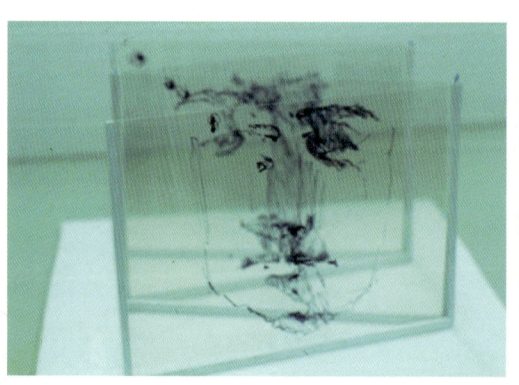

학생 작품

② 시점

같은 대상이라도 시선의 방향이나 위치, 각도에 따라 다르게 지각되는데 이러한 현상은 일반적으로 흔히 일어난다. 하지만 하나의 사물을 놓고 여러 방향이나 각도에서 관찰할 경우, 방향이나 각도에 따라 다르게 보인다고 해서 지각적 혼란을 초래하는 일은 드물다. 이것은 단지 같은 사람의 앞모습, 옆모습, 뒷모습을 순차적으로 보는 것과 마찬가지이기 때문이다. 그러나 이와 비슷한 상황에서도 시각적 판단에 혼선을 초래하는 경우가 있다. 다음의 사례들을 통해 이러한 시각적 아이러니를 관찰해 보자.

음의 육면체

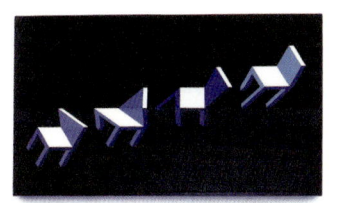

사시斜視의자

불가능 입체

다의입체

③ 원근법

원근법은 입체나 공간을 평면에 실제처럼 옮기기 위한 표현 방법이며 기술이다. 멀리 있는 것은 작게, 가까이 있는 것은 크게 표현함으로써 거리에 의한 입체감이나 공간감을 나타낼 수 있기 때문이다. 그런데 일반적인 원근법을 정반대의 상황으로 이해하고 적용하면 어떻게 될까? 이 작품은 이렇게 원근법의 통상적 개념을 깨고 그 원리를 역으로 이용한 사례이다. 즉 원근법상 시선에서 가장 먼 곳으로 표시되는 소실점을 가장 가까운 곳에 위치하도록 한 것인데, 이를 위해 화면을 불쑥 튀어나온 피라미드형의 입체구조로 만들었다. 무심코 작품을 볼 경우 뭔가 어색하기는 한데 무엇이 어떻게 어색한지를 찾기가 그리 쉽지만은 않다. 그러나 이 작품이 평면이 아니고 입체라는 것을 아는 순간 고개를 끄덕이게 된다. 객관적, 논리적으로 문제없이 통용되고 있는 기존의 원리들을 새롭게 해석하고 이용하여 참신한 아이디어로 바꾼 기지가 돋보인다.

Patrick Hughes **Down the Road**

(2) 빛과 그림자에 의한 표현

① 그림자의 조작

건물에 그려진 초상화를 얻기 위해서는 특수하게 제작된 세부 구조물을 필요로 하는데, 이는 빛을 받아들여서 원하는 형태의 그림자를 만들어 내기 위한 장치이다. 인공적인 빛을 연출해서 생기는 그림자가 아니고, 해가 떠서 지기까지의 시간적 변화에 따라 일정 시간 동안만 사용 가능한 그림자를 이용하는 것이다. 이 세부 구조물에 의해 빛의 양과 그림자의 크기를 필요한 만큼 얻어낼 수 있다. 이렇게 하여 설치된 작품의 이미지는 하루 중에서 태양이 일정한 위치에 다다른 시간에만 볼 수 있다. 시간이 지나면서 광원의 위치 변화에 따라 그림자의 크기나 형태가 바뀌면 이미지도 점차 다른 모습으로 변하면서 사라지게 된다. 이 원리는 인쇄 사진을 농담濃淡이 있는 망점으로 만드는 방법과도 유사하다. 빛을 이용한 일종의 점구성인 것이다. 또다른 하나는 한 화면 안에서 두 가지 이미지를 찾아볼 수 있는 작품이다. 한쪽에는 베토벤의 얼굴이, 또 다른 한쪽에는 그의 음악을 연주하는 사람들이 표현되어 있다. 자연광이 아닌 조명 장치를 이용해 그림자를 인위적으로 조작하여 만든 것이다.

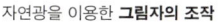
자연광을 이용한 **그림자의 조작**

전신종 **조명장치를 이용한 그림자의 조작**

② 투영면

광원光源으로부터 직진하는 빛을 물체에 비추어 평면 위에 투영하면 그림자가 생긴다. 그 그림자를 이용해 물체를 표현하는 것을 투영법이라 하며, 투영법에 의해 얻은 결과를 투영도라고 한다. 이때 빛을 평면이 아닌 면에 투영하면 투영면의 형태에 따라 독특한 이미지를 얻을 수도 있다. 그림에서 보는 것처럼 일반적인 투영도는 평면에 이루어지지만 원주면이나 구면에 투영하면 입체적으로 바뀐 이미지를 얻을 수 있다. 즉 투영면이 이차원의 평면이 아니라 삼차원적 입체의 형태를 띠게 되는 것이다. 이렇게 입체적인 투영면에 형성된 이미지를 평면에 표현하기 위해서는 투시도법이 필요하다. 투시도법은 하나의 형태를 다양하게 변화시키는 것뿐 아니라 이차원을 삼차원으로, 삼차원을 이차원으로 바꾸어 표현 가능하게 한다. 예를 들어, 세계지도는 지구라는 구球의 형태를 평면에 나타낸 것이다. 그러나 구의 표면을 평면상에 정확하게 옮기는 것은 불가능하기 때문에 여러 가지 형식의 투시도법이 활용되고 있다. 다음 작품들은 표현하려고 하는 대상을 평면이 아닌 사각뿔, 구, 원

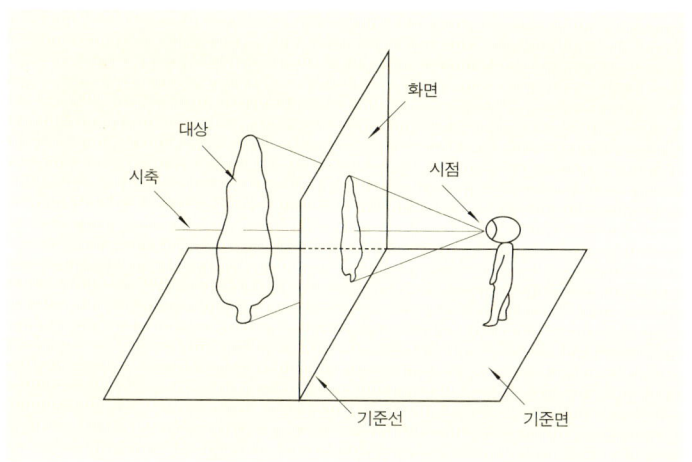

화면

대상

시축

시점

기준선

기준면

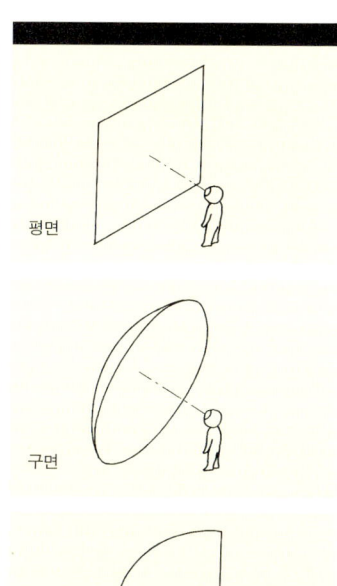

평면

구면

원주면

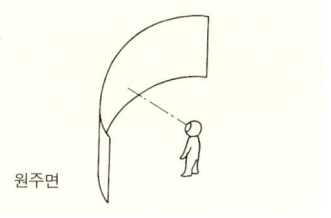

평면에서의 투영 방법과 여러 가지 투영법

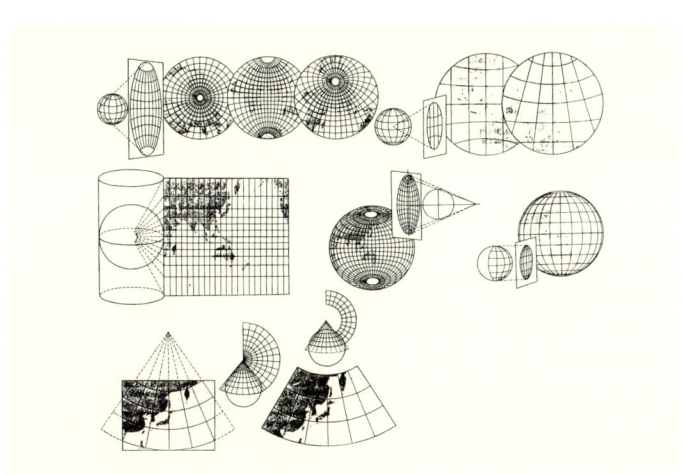

지구를 나타내기 위한 여러 가지 투시도법

삼차원의 투영면을 이용한 표현

뿔, 정육면체에 투영함으로써 각각의 투영면에 생성된 이미지를 기본으로 하여 얻어낸 결과이다. 이 작품들은 입체구조를 유지하고 있을 때는 표면의 이미지들이 정상적인 모습에 가깝게 보이지만, 해체해서 평면으로 펼쳐 놓으면 정상적인 형태를 찾아보기 힘들며 왜곡되고 분산되어 혼란스러운 이미지로 보이게 된다.

(3) 실공간과 시공간의 관계에 의한 표현

① 반사

광학 장치의 대부분은 거울이나 렌즈를 포함하고 있다. 거울은 빛을 반사하며 빛의 방향을 바꾸고, 렌즈는 빛을 굴절시키며 대상의 크기에 변화를 줄 수도 있다. 그리고 둘은 상像을 만들어 낸다는 공통점을 가지고 있다. 이것이 조형에서 거울과 렌즈를 활용할 수 있는 근거로 작용한다. 거울의 반사 효과에 대해서 우리는 이미 경험을 통해 잘 알고 있다. 주어진 공간에 거울이 어떤 형식으로 설치되는가에 따라 우리가 얻을 수 있는 시각 효과는 천차만별로 달라진다. 요즘은 기술의 발달로 인해 반사체의 소재 및 형태도 무척 다양해지고 있다. 건물 외벽이 반사체로 마감되어 도심 한복판의 복잡하고 활기

찬 풍경을 색다른 모습으로 접할 수도 있고, 곡면으로 이루어진 반사체를 통해 재미있게 변형된 형태로 비춰지는 사물들과 만날 수도 있다. 또한 거울은 보이지 않는 부분을 볼 수 있도록 하는데 이를 현형 작용이라고 한다. 우리가 자신의 뒷모습을 보기 위해서 두 개의 거울을 사용할 때 경험할 수 있다. 그리고 실내가 실외보다 어두울 때, 유리는 거울의 성질을 띠게 되어 외부와 내부로부터 비춰지는 여러 사물의 이미지가 뒤엉키는 묘한 합성 작용을 하기도 한다. 또한 상점의 내부에 거울을 설치하면 전시 상품의 양을 두 배로 늘릴 수 있을 뿐만 아니라 공간도 훨씬 넓어 보이게 하는 확장 작용도 한다. 그러나 무엇보다 조형적으로 재미있는 기법은 무한 반사 효과일 것이다. 무한 반사는 마주하는 거울의 수, 위치, 크기, 구조, 각도 등의 영향에 따라 무수히 많은 변화를 빚어낸다. 이렇듯 거울은 공간을 다양화시키고 때로는 화려하고 복잡하게 하는 등 변화와 긴장을 연출한다.

반사에 의한 실공간과 시공간의 일루전

② 기하 입체의 공간적 확장과 축소

그림의 기하 입체들은 구조적으로 선적인 형태를 취하고 있으며, 선과 선이 만나서 겹쳐지는 부분은 움직일 수 있도록 처리되어 있다. 각각 오각형, 사각형, Y자형의 기본 유니트로 이루어져 있으며, 양 을 밀거나 당기는 힘에 의해 최소의 형태와 공간으로 축소되기도 하고 최대의 형태와 공간으로 확장되기도 한다. 이러한 실험을 통해 우리는 기하 입체의 외부와 내부 상호간의 관계에서 생기는 공간의 문제를 더욱 깊이 연구하고 이해할 수 있게 된다.

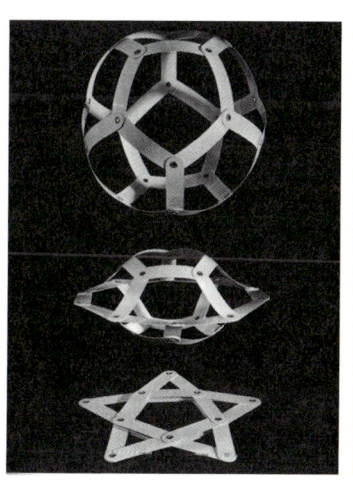
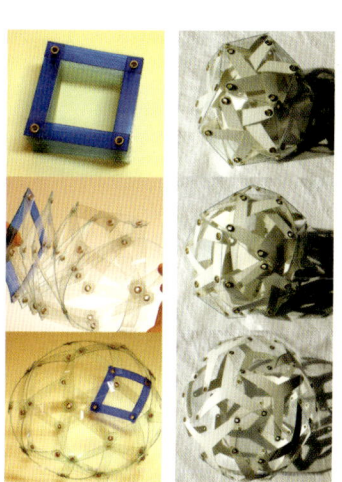

기하 입체의 공간적 확장과 축소

③ 극단적인 과장

일상의 공간을 수직으로 길게 늘어뜨려 재현한 극단의 과장에서 우리는 삼차원 공간을 평면적인 것으로 바꿔놓은 듯한 착각에 빠진다. 이것이 평면이 아니라는 것은 작품 주위를 돌며 관찰해야 겨우 느낄 수 있는 정도이다. 때문에 작품 속의 인물들은 자유로운 삼차원 공간에 머물지 못하고 이차원이라는 극히 제한된 영역에 갇혀 있는 것 같다. 공간과 대상의 관계를 색다른 관점에서 해석한 간단한 시도지만, 그것에 의해 형성된 새로운 공간의 시각적 효과는 사진에서 보는 것보다 매우 강렬하다.

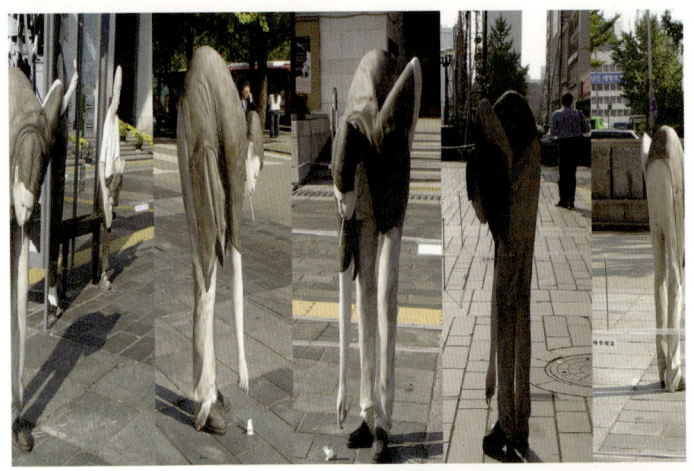

버스 정류장

④ 착시 공간

착시 공간은 우리가 어떤 공간과 대상을 눈으로 볼 때, 그 공간과 대상의 실제 생김새가 눈에 보이는 것과 일치하지 않음으로써 성립한다. 우선 그리스의 파르테논신전을 보자. 파르테논신전에 관한 착시는 이제 많이 알려졌지만 착시 공간을 다루면서 결코 빠뜨릴 수 없는 대표적인 사례가 되었다. 좌측이 실물의 사진이고 우측은 착시를 설명하기 위한 그림이다. 우측 그림 중 맨 위의 것이 우리가 눈으로 보았을 때 지각되는 형태이다. 그러나 실제로는 맨 아래 그림처럼 생겼다. 실공간과 시공간 사이에 뚜렷한 차이가 발생한다는 것을 알 수 있다. 그리고 맨 위의 그림처럼 만들어졌다면 아마 가운데 그림과 같은 형태로 보일 것이다. 왜 그럴까? 그리스의 신전 건축에서는 직선을 거의 찾아볼 수 없는데, 직선처럼 보이는 것도 대부분 미묘하게 완만한 곡선을 이루고 있다. 고대 그리스에서는 신전의 형태미를 매우 중요시했기 때문에 이상적인 건축을 위해 착시를 미리 교정하여 신전을 지었던 것이다. 파르테논신전의 경우 수직으로 뻗은 기둥들 속에 착시의 비밀이 숨어 있는데 기둥의 중앙 부위가 위아래쪽보다 약간 굵은 것이 그것이다. 수직의 평행선이 나란히 서 있을 경우 중앙 부위가 오목해 보이는 착시 현상이 일어난다. 이렇게 중앙 부위가 가늘어 보이는 것을 교정하기 위해 위아래보다 직경을 약간 크게 한 것이다. 이것을 엔타시스entasis 기법이라고 하는데, 기둥을 세우는 토대의 중앙 부분을 양쪽 끝보다 높게 하기도 한다. 포세이돈신전, 헤라이온신전 등에도 사용되었다고 한다.

　　　　다음 그림은 르네상스 양식의 스파다궁전Palazzo SPADA 모형이다. 이 모형은 원근법적인 착시를 만들어 내고 있는데, 길게 늘어선 회랑回廊을 보면 알 수 있다. 우선 왼쪽 그림은 정면에서 보이는 궁의 모습이다. 궁내부의 크기에 따른 공간감이나 거리감이 잘 나타나 있다. 우리는 이것이 원근법에 의해 이렇게 보일 뿐 실제로는 궁의 앞쪽 공간이나 뒤쪽 공간이 같은 크기로 이루어졌다는 것을 짐작할 수 있다. 이차원상에서는 거리감이나 공간감을 표현하기 위해 앞은 크게 뒤는 작게 나타내지만, 삼차원상에 실제로 존재하는 대상은 앞뒤의 크기가 일정하다는 크기에 대한 항상성이 있기 때문이다. 바로 이점이 여기서 노리는 착시의 근거가 되었다. 즉 모형의 구조 자체가 뒤쪽 벽면을 기준으로 하여 투시된 형태로 만들어진 것이다. 따라서 바닥은 뒤로 갈수록 올라가고, 천장 부위는 내려오며, 양쪽 벽면은 좁아지는 구조로 되어 있다. 삼차원의 대상을 이차원적인 방법으로 표현한 것이다.

파르테논신전

스파다궁전

● 폐품을 활용한 입체 조형

표현 목표

　　　　　표현 목표는 이런 저런 이유로 버려지는 폐품을 활용하여 새롭고 재미있는 형태로 탈바꿈 시켜 보는 데 있다. 저마다의 기능과 용도를 갖는 기계적인 물건들로 동물이나 곤충같은 유기적 생명체를 표현한다. 그 형태 안에는 폐품의 원래 모습과 재탄생한 새로운 모습이 공존하게 된다. 부분이 먼저 보이는지 전체가 먼저 보이는지에 따라 발생하는 시각적 즐거움을 찾아본다.

재료 및 도구

　　　　　일상에서 흔히 볼 수 있는 갖가지 폐품을 재료로 한다. 수집한 폐품을 다루기에 적합한 도구와 접착제를 사용한다.

표현 조건 및 포인트

　　　　　① 주위에서 여러 가지 형태와 질감의 폐품들을 수집한다.
　　　　　② 수집한 폐품들의 형태와 크기, 질감의 관계를 고려하여 제작 가능한 동물이나 곤충의 형태를 스케치한다.
　　　　　③ 같은 형태의 동물이나 곤충이라도 여러 가지의 동작과 포즈를 찾아보고 적정한 형태를 선택한다.
　　　　　④ 폐품과 표현 대상의 특징에 따른 형태적 연관성을 고려하여 작업한다.

　　　　　폐품이 된 다양한 종류의 물건들을 가지고 자연의 대상을 표현하는 경험을 통해 자연적인 것과 인공적인 것의 시각적 이질감 및 동질성에 대해 관찰한다. 각각의 폐품들이 가지고 있는 형태와 의미, 그리고 그것들이 결합됨으로써 생성되는 또 다른 의미와 형태를 조형적 입장에서 다루어 본다. 부분으로부터 전체, 또는 전체로부터 부분으로의 시각적 흐름과 관련한 효과를 탐구한다.

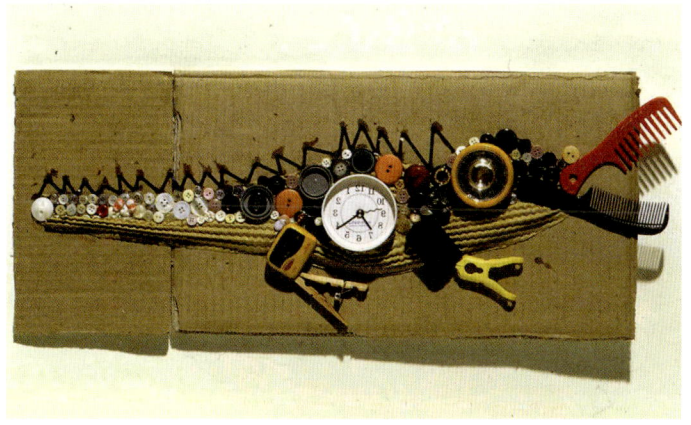

학생 작품 연구 과제

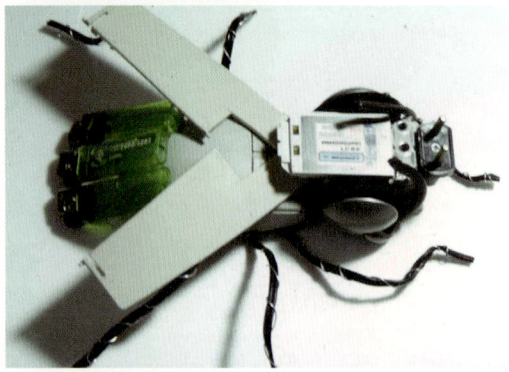

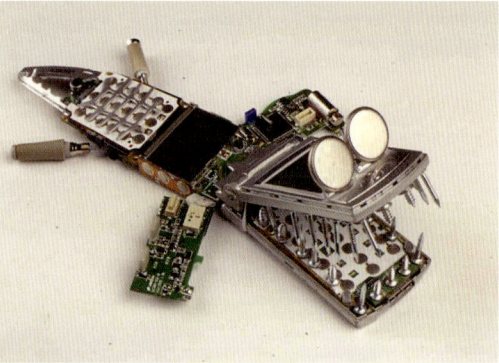

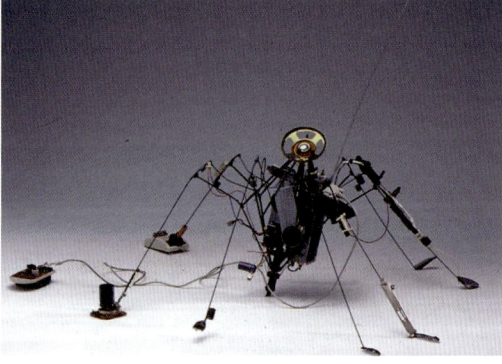

그 밖의 같은 과정으로 진행된 연구 과제들

4장 생활에서의 입체·공간

모든 생물은 그들을 둘러싸고 있는 환경과 복잡한 상호 관계를 맺고 있다. 인간 환경은 인간을 주체로 하여 둘러싸고 있는 모든 것을 가리키는 말이다.

자연은 모든 사물에 근본적인 영향을 미치며 인간 생활도 자연이 허락하는 범위 내에서 자연환경의 지배를 받아 왔다. 과거의 자연은 인간에게 절대적인 조건이었다. 그러나 다른 생물은 자연의 법칙 속에서만 적응을 하는 데 비해, 인간의 경우는 인간과 자연의 사이에 인공적인 환경을 만들어 냄으로써 자연의 직접적인 위협에서 도피하려고 하였다. 즉 인간과 자연의 관계를 조정하기 시작하면서부터 도구를 사용하기 시작한 것이다.

원시생활에서는 사나운 짐승과 자연에 대응하기 위하여 결속과 협력이 요구되었다. 이런 공동체 생활에 의해 자기 종족의 보존과 영토 확보 등의 의식이 높아지면서 공동체가 더욱 강화되었다. 아울러 자연에 저항하고 순응하면서 자연을 개척하기 위해 노력하였다. 이로써 자연과 함께 살아가는 인간 특유의 지혜가 싹트기 시작하였으며 자연을 이용하여 필요한 도구의 형태와 기능을 발견하려고 하는 노력이 곧 인간 생활을 위한 디자인의 기원이라고 할 수 있다.

이와 같이 인간의 생활환경은 시대를 거듭하면서 변화되어 왔다. 이제는 우리 주변에서 볼 수 있는 어느 하나도 디자인과 관계되지 않은 것이 없을 정도이다.

사카라Saqqara에서 발견된 마스타바Mastaba묘의 벽면 부조로서 B.C. 2500년경의 사람들의 일상생활이 그려져 있다. 상단은 큰 낫으로 밀을 수확하는 모습을 그렸고, 하단에는 나귀에 수확물을 실어나르는 모습을 그렸다. 농민의 풍속과 도구, 가축의 사육 모습들을 짐작케 한다.

이집트 **농경 작업도**

1. 도시환경에서 본 입체·공간

1) 옥외광고

옥외광고outdoor advertising란 건물 밖에서 볼 수 있는 광고라는 뜻으로, 항상 또는 일정 기간 동안 벽 등에 고정된 것, 또는 포스터 등의 매체를 이용하여 상품이나 용역의 내용을 표시하는 광고를 뜻한다. 옥외광고는 동서고금을 통하여 상업 발전과 더불어 오늘날과 같이 멀티미디어multimedia가 지배적인 시대에도 널리 사용되고 있다.

학문적인 견해에 의하면 "옥외광고란 불특정 다수를 소구대상으로 하여 옥외의 일정한 공간에서 일정 기간 동안 계속적으로 시각적 자극을 주는 광고물의 총칭이다."라고 정의된다.

그러므로 광고판, 건물의 벽화, 지하철역의 내부, 버스, 택시, 전철, 기차 등을 이용하는 광고는 모두가 옥외광고에 포함될 수 있다.

전문 음식점의 특징을 나타내는 **옥외광고**

구한말 시대까지 사용된 우리나라 옥외광고물로는 흔히 이정표나 깃발, 장승에 새겨진 이수里數표시 등을 꼽을 수 있다.

구한말에 근대화 물결이 밀려들어 근대적인 의미의 상업주의가 본격화되면서 옥외광고 분야가 뿌리를 내리기 시작하였다. 이후 상거래가 활발해지면서 상점이 생겨나고, 그 상점을 알리기 위해 상점 간판이 출현하게 되었다.

야간에도 사용할 수 있는 **옥외광고**

이제는 단순한 정보전달 매체로서만이 아니라 아름답고 쾌적한 도시의 시각 환경 조성을 위한 옥외광고의 배려가 요구된다.

길가나 마을 어귀에 세워 이수를 나타내기 위한 **장승**

자연의 형태를 이용한 **간판**

2) 슈퍼 그래픽

슈퍼 그래픽super graphic이라는 용어는 1966년 미국의 건축가 찰스 무어C. W. Moore가 설계한 주말 주택의 샤워실 내부에 강렬한 색채와 패턴pattern을 도입한 것에서부터 발전되어 전 세계로 파생되어 갔으며, 세계 어느 도시에서나 도시환경 디자인의 중요한 요소가 되고 있다.

온 더 월 프로덕션On the Wall Productions **주차장에 접해 있는 벽면을 이용한 슈퍼 그래픽스**

종래의 그래픽은 인쇄기에 의해 크기의 제한을 받았지만 오늘날의 슈퍼 그래픽은 그러한 제한을 탈피하는 개념이며, 그래픽의 적용 대상이 우리가 살고 있는 주택의 방이나 벽 또는 건축 현장의 담, 아파트, 학교, 교회 등의 공공건물에 이르기까지 광범위하게 확산되면서 종래의 그래픽과는 개념을 달리한 환경디자인environmental design 장르로서의 의미를 갖는다.

트위첼Kent Twitchell **극사실주의 양식의 슈퍼 그래픽스**

로즈앤젤레스 파인 아츠 스쿼드Los Angeles Fine Arts Squad **착시 효과를 이용하여 넓은 공간감을 주는 슈퍼 그래픽스**

이러한 슈퍼 그래픽은 미술과 사회 그리고 대중과의 바람직한 관계 설정이라는 측면으로까지 나아감에 따라 제한된 기존의 개념을 탈피하여 대중과 교감하며 누구나 쉽게 이해할 수 있는 대중 예술로서, 거리나 도시 그 자체가 캔버스화된 초대형 회화의 성격과 더불어 커뮤니케이션의 기능을 지니는 일종의 비주얼 아트visual art로 전개되고 있다.

슈퍼 그래픽은 도시환경에 심미적 요소를 확대하고 쾌적한 생활공간이 되게 하며, 식별이 곤란한 블록이나 지하철역 등에서 랜드마크land mark 기능을 할 수 있다. 또한 전파속도가 매우 빠르고 그 규모가 크기 때문에 다른 어떤 시각디자인 분야보다도 공공적·환경적 성격이 강한 분야이다. 멕시코 벽화 운동에서 출발했던 슈퍼 그래픽은 유형별로 환경 벽화, 주민 벽화, 예술 벽화 등으로 구분되며, 오늘날에는 광고 벽화로까지 그 의미가 확장되고 있다.

때문에 이를 효율적으로 활용하면 도시환경 개선뿐 아니라 유용한 시각적 요소가 될 것이다.

교회의 벽면의 **입체조형**

3) 환경 조형물

환경 조형물이란 기존의 순수 미술의 한 분야로서 사물의 형태미를 추구하는 입체 조형예술 작품을 가리키는 말이다. 조각이 미술관이나 화랑의 실내에서 야외로 나오면서 야외 조각outdoor sculpture이라고 불리었고, 현대의 도심지의 환경을 쾌적하게 만들고 자연과 인간의 매개체로서의 기능을 담당하고 있다. 이러한 환경 조형물의 제작은 작가의 몫이지만 작품이 놓여지는 장소와 위치가 대중의 생활과 밀접한 공공장소라는 점에서 작품성은 물론 기능성과 상징성이 첨가된다는 점이 순수 조형물과 다르다.

환경 조형물로는 공공 조형물, 기념비 조형물 등이 있으나 넓은 의미로는 옥외 공간에 설치된 모든 조각과 구조물을 통칭할 수 있다.

환경 조형물에 대한 정의는 명확치않으나 일반적으로 다음 구성 요소를 갖춘 작품을 환경 조형물이라 한다.

가. 공공의 생활환경을 구성하는 조형적인 환경 요소를 만들어 생활을 풍요롭게 한다.

나. 모든 사람들이 공유하는 공공장소에 설치한다. 이러한 환경 조형물이 일정한 주제에 따라 다양한 형태로 설치된 시민공원의 조경 양식을 조각 공원이라고 한다. 이 공원은 현대를 살아가는 도시민의 중요한 휴식처로서 우리 가까이에서 자연을 접할 수 있는 일상적인 공공장소이다.

이러한 공원이 문화 공간망 속에 편입되어 예술 작품을 감상하는 장소로서의 의미를 갖는 조각 공원은 문화공간의 확장이라는 측면에서뿐만 아니라 공원 기능의 다양성이라는 측면에서 대단히 중요한 의미를 갖는다.

조각 공원은 조각과 공원이 결합된 장소로서, 도심

속에서 자연과 점점 멀어져 가는 인간 본래의 심성을 환기시켜
주는 예술의 양식이라 할 수 있다.

공중전화 부스 및 백화점 내부, 공원, 건물 외부에 설치된 **환경 조형물**

4) 교통광고

교통광고transportation advertising, transit advertising란 교통기관의 안팎 및
역을 비롯한 건조물과 용지, 비품 등을 활용한 광고이다.
　　　　　즉 대중의 교통수단인 일반 철도와 고가철도, 지하
철, 버스, 택시, 선박, 항공기 등의 내부 및 외부는 물론 역 시설
물, 정거장, 그 밖의 구조물 등을 매체로 노출되는 광고의 총칭
으로서 교통기관을 이용하는 사람을 주 대상으로 하여 행해지는
광고이다.

지하철 내부 광고   차량 외부 광고

　　　　교통광고는 불특정 다수의 소구대상에게 노출된다
는 점에서 다른 커뮤니케이션 매체들이 갖지 못하는 독특한 광
고의 속성을 갖고 있다. 교통광고는 대중 교통수단의 발달과 더
불어 점차 그 영역이 확대되어 가면서 새롭게 각광받는 매체로
자리 잡고 있다.

2. 상점에서 본 입체 · 공간

1) 포장

포장package은 상품의 신분을 분명히 표시하고 소비자의 구매 충
동을 유발시키며, 상품을 안전하게 보관할 수 있도록 보호하는
기능을 갖는다. 초기 포장의 의미는 물품을 모으고, 나누어 비축
하며 운반하기 위한 수단이었다. 포장재료로는 나뭇잎, 나무줄
기, 자루, 토기 등이 사용되었다. 이러한 생활 수단으로서의 포
장은 산업의 발달과 더불어 상품이 개발됨으로써 이에 사용되는
필수 요건으로 그 의미가 점차 바뀌어 가고 있으며, 포장의 의미
도 상품을 파는 것 또는 짐을 꾸리는 것으로부터 판매 촉진에 기
여할 수 있는 방향으로 바뀌고 있다.

자연의 재료를 이용한 생활 용품 포장 지대, 달걀 꾸러미, 가마니, 대바구니

우리나라 초기의 포장 재료는 고대로부터 사용되어 오던 토기, 목제품, 죽제품, 마대, 면포대, 가마니, 새끼, 노끈 등이 전부였다. 하지만 1970년대에 들어서서 본격적인 합성수지 원료의 생산과 더불어 새로운 포장 재료의 개발 등이 이루어져 포장 산업의 발전을 가속화시켰다.

오늘날 포장의 의미는 단순히 '담는 것' 또는 '싸는 것'의 용도로부터 보호와 사용시의 편리함, 구매 욕구의 유발, 타 상품과의 차별화 등 다양한 기능을 수행하는 것으로 바뀌고 있다. 또한 대량생산과 유통 과정을 통해 저렴한 가격, 상품 선택의 자유와 정확성을 가져다 주는 매체로서 소비자에게 많은 이익과 혜택을 주며, 친환경적인 재료의 연구와 함께 유니버설 패키지 디자인universal package design이라는 복합성을 갖는 방향으로 발전되고 있다.

학생 작품
지기 구조의 특성을 나타낸 수출용
김치 패키지 디자인

주류 용기 및 레이블label **디자인**의 여러 가지

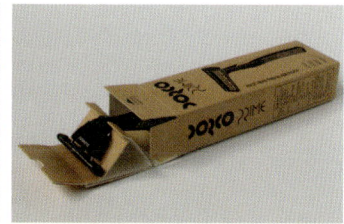

학생 작품 **사용하기 쉽게 디자인된 지기 구조**

펄프 몰드를 이용한 **화장품 패키지 디자인**

학생 작품 장식적 요소가 부가된 **티슈 패키지 디자인**

친환경적 실험적 패키지 디자인

2) POP

구매시점광고point of purchase advertising는 상점의 점두店頭 또는 점내店內에서 이루어지는 광고로 제조업자가 판매 성과를 올리기 위하여 상점을 통하여 최종 소비자와 직접적인 접촉을 갖기 위해 만든 방법이다. 이것은 매장내 소비자의 행동양식에 초점을 맞춘 광고로서 판매자의 입장에서 볼 때는 판매시점광고point of sale advertising가 되는 것이다.

POP 광고가 오늘날 새로운 매체로서 각광을 받게 된 것은 불특정 다수의 반응을 얻어 판매 효과를 높이려는 매스미디어mass media 즉, 현재 시장에서 광고 활동에 주로 사용되는 매체들의 한계 때문이라 하겠다. 오늘날은 경쟁 기업간의 유사한 광고가 서로의 광고 효과를 상쇄하고 있을 뿐만 아니라 정보의 내용도 획일화되고 있다. 이렇게 획일화된 정보는 오늘날과 같이 다양해지고 개별화되는 소비자의 취향에 맞는 정보로서의 가치를 잃게 되고, 이러한 측면에서 소비자를 구매시점으로 유도하여 실제로 구매 행동을 유발시킬 수 있는 판매 목적 광고가 요구된다. 매스미디어 광고가 소비자로 하여금 상품에 흥미를 갖게 하여 매장으로 오게 하는 이성적 설득 수단이라면, POP 광고는 상품을 손에 집어들게 하는 구체적인 행위를 유발시키는 감성적인 실행 수단이라고 할 수 있다.

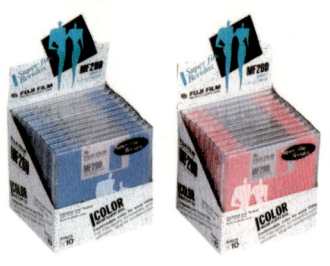

견본 진열용 POP 디자인

3) 디스플레이 display

디자인 용어로는 전시 및 진열에 필요한 전시용품 그 자체를 가리키는 경우도 있지만 시각적인 측면에서 일정한 목적 및 기획이나 테마를 기본으로 공간을 조형하고, 상품이나 작품 따위를 합목적적으로 전시 또는 진열하는 계획의 구현화를 의미한다. 디스플레이의 종류는 그 목적에 따라서 다른데 크게 두 가지로 나눌 수 있다. 그 하나는 판매를 목적으로 하는 디스플레이로서 그것을 직접적 동기로 하는 쇼윈도show window나 점포 안의 디스플레이가 있고 판매를 목적으로는 하지 않으나 선전을 위해 넓은 공간을 조형 처리造形處理하여 전시효과를 올리려는 쇼룸show

room이 있다. 쇼윈도는 도시의 과밀화過密化나 교통량 증대, 건축 구조와 양식의 변화로 점차 감소하는 추세이고, 점포 안 전체가 쇼화化하는 경향을 볼 수 있다. 또 한 가지는 PRpublic relations을 목적으로 한 엑스포지션exposition 디스플레이로서 보통 쇼·박람회·견본시見本市 등 대규모로 광대한 공간에 전시하는 경우가 많다. 현재 기업 PR이나 상품광고가 독자적인 형태로 이루어지면서 유력한 매체로서 중요시되고 있다.

내부와 외부의 디스플레이

우수한 디스플레이는 그 목적이나 테마가 흥미로워야 하며 쉽게 이해할 수 있도록 쾌적한 환경이 조성되어야 한다. 또한 관중과 전시물의 연관성에 있어서도 극적으로 통일된 구조 공간으로서의 환상적인 효과가 전달되도록 치밀한 계획과 배려가 있어야 한다. 디스플레이를 구체화할 때에는 단순한 전시와 장식에 그치지 말고, 어떻게 하면 쾌적하게 시각화하며, 전시 목적의 효과를 어떻게 극대화할 것인지 생각해야 한다. 그러기 위하여 전시 목적이나 테마를 잘 분석하여 색채 심리, 형태 심리, 소재 연구를 기본으로 혼란해지기 쉬운 환경 하에서 관중의 유도와 동선의 결정, 시점의 이동에 따라 변화하는 공간과 구성의식構成意識 등을 계산하여, 조명효과는 물론 장소에 따라 음향효과, 구조계산 등에 이르기까지 모든 문제를 아우르는 종합적 시야에 바탕을 둔 계획과 신선한 지각이 필요하다.

디스플레이에서는 전시 내용에 일치하는 선전문이나 해설이 필요하지만, 설명 문안, 사진, 다이어그램diagram 등을 포함한 일러스트레이션illustration 등으로 알맞게 레이아웃한 설명 패널panel을 준비하기도 한다. 패널은 전시 벽면의 배경으로 사용되는 경우가 많다. 또 전시효과를 높이거나 이미지, 환경, 분위기 따위를 고조시켜야 할 경우에는 내용에 따라 사용 방법이 다양하지만 조명을 효과적으로 사용하는 일이 많다.

백화점 내부의 **설치물**

이 밖에 시청각 효과를 고려하여 전기 및 전자 기술의 발전에 따라 컴퓨터 조작으로 소리와 빛의 움직임에 시간적인 변화를 가미한 동조장치同調裝置가 실용화됨으로써 사람들의 시선을 끌고 전시효과를 더욱 높일 수 있게 되었다. 전시에 사용하는 재질材質도 전시 목적이나 테마에 적합한 요소로서 중요하다.

상점과 전시장의 **디스플레이**

3. 기타 공간에서 본 유니버설 디자인

1) 유니버설 디자인의 시작과 원칙

우리는 아침에 일어나서 다시 잠을 잘 때까지 인공물에 둘러싸여 항상 어떤 디자인의 영향을 받으며 생활하고 있다. 여기에서 문제가 되는 것이 '디자인이라는 환경'에 부적응이다. 이 부적응은 사용하는 사람의 심리에 '스트레스stress'나 '패닉panic'을 일으켜 병이나 사고로 연결되기도 한다. 어떤 디자인이든지 많든 적든 결함이나 문제를 포함하고 있으므로 '디자인이라는 환경의 부적응'을 인간이 만들어 내고 있다는 사실을 잊어서는 안 될 것이다.

이와 같이 일상생활 속에서 디자인에 불만을 느끼는 사람은 어느 시대든지 존재하기 마련이다. 하나의 디자인이 모든 사용자를 충분히 만족시킨다는 것은 불가능한 일이다. 본래 디자인은 그 자체가 실현되는 과정에서 여러 가지 제한을 받으며 변형되어 간다. 디자인을 하거나 혹은 디자인한 제품이 어떤 형태로 사용자에게 전달되는가에 따라 그 가치나 평가가 달라질 수도 있다.

유니버설 디자인은 1970년대 중반에 장애인을 위한 특수 공간과 시설에 따르는 부가적인 비용 및 문제점을 줄이기 위한 노력의 일환으로 미국에서 처음 시작되었다. 이는 1990년대 초 사회적으로 화제가 된 장애인을 위한 법률「ADA 법The Americans with Disability Act」이 의회를 통과하면서 더욱 가속화되었다. 이 법을 제정하는 데 중심이 된 것은 건축가인 로널드 메이스Ronald L. Mace와 그가 속해 있던 노스캐롤라이나 주립대학 North Carolina State University의 유니버설 디자인센터Center for Universal Design였다. 유니버설 디자인센터에서 제시한 초기의 유니버설 디자인의 4가지 원칙은 기능적 지원성supportive design, 수용성adaptable design, 접근성accessible design, 안전성safety oriented design이며 이 내용이 제한적이고 추상적이라는 평가를 받자 그 이후 7가지 원칙이 마련되었다. 즉 공평한 사용equitable use, 사용상의 융통성flexibility in use,

유니버설 디자인센터(NCSU_Center for Universal Design, USA), 노스캐롤라이나 주립대학에서 1994년 설립 간단하고 직관적인 사용simple and intuitive use, 쉽게 인지할 수 있는 정보perceptible information, 오류에 대한 포용력tolerance for error, 적은 물리적 노력low physical effort, 접근과 사용을 위한 크기와 공간size and space for approach and use등이 그것인데 이를 간략히 소개하면 다음과 같다.

원칙1: 공평한 사용

　　　능력이 각기 다른 사람에게 모두 유용하며 판매가 가능하다.

원칙2: 사용상의 융통성

　　　개인의 다양한 기호와 능력을 폭넓게 고려하여 수용·선택·변경·조절이 가능하다.

원칙3: 간단하고 직관적인 사용

　　　사용자의 경험, 지식, 언어능력, 현재의 전념도와 상관없이 쉽게 이해할 수 있다.

원칙4: 쉽게 인지할 수 있는 정보

　　　주의 정도나 사용자의 지각 능력에 관계없이 필요한 정보를 효과적으로 이해할 수 있다.

원칙5: 오류에 대한 포용력

　　　의도하지 않았던 행동으로 인한 불리한 결과와 장애를 최소화할 수 있다.

원칙6: 적은 물리적 노력

　　　사용시 최소한의 피로감을 느끼면서 효율적으로 사용할 수 있다.

원칙7: 접근성과 사용을 위한 크기와 공간

　　　사용자의 신체 크기나 자세, 이동성과 관계없이 접근하고 조작하기 적합한 크기와 공간이 확보되어 있다.

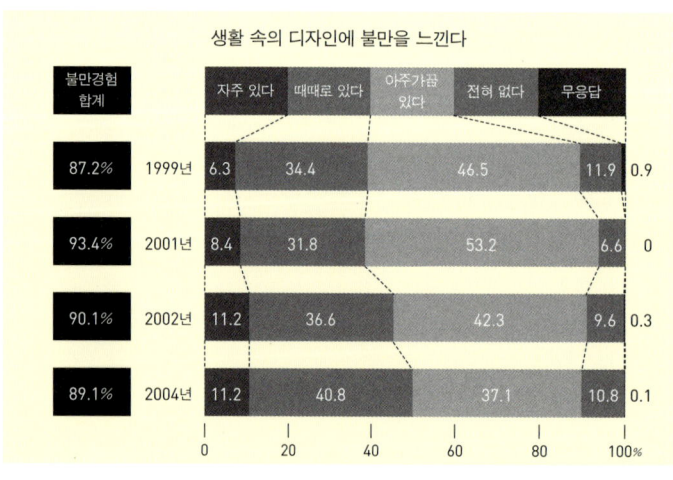

생활 속의 디자인에 불만을 느낀다

불만경험 합계		자주 있다	때때로 있다	아주가끔 있다	전혀 없다	무응답
87.2%	1999년	6.3	34.4	46.5		11.9	0.9
93.4%	2001년	8.4	31.8	53.2		6.6	0
90.1%	2002년	11.2	36.6	42.3		9.6	0.3
89.1%	2004년	11.2	40.8	37.1		10.8	0.1

0　　20　　40　　60　　80　　100%

유니버설 디자인포럼(UDF, Universal Design Forum), 1999년 7월 일본에서 민간 주도형 단체로 설립

유니버설 디자인포럼(UDF)이 실시한 '생활 속의 디자인에 관한 앙케이트'

2) 유니버설 디자인을 적용한 입체

디자인이 인간의 삶을 보다 풍요롭고 편리하게 만들기 위한 작업이라는 점을 감안할 때, 유니버설 디자인은 "인간을 위한다." 는 의미를 새롭게 부흥시킨 개념이다. 유니버설 디자인이란 연령이나 심신의 능력, 사용 환경에 관계없이 '가능한 누구라도 사용하기 쉬운 디자인'을 목표로 한다. 21세기 들어 본격적인 저출산 고령화 사회를 맞이하는 지금, 그동안 간과되어 온 다양한 환경·제품·서비스상의 '불편함'이 조금씩 지적되고 있다. 이러한 사회 환경에서 주목을 끌고 있는 것이 바로 유니버설 디자인이다. 즉, 노인이나 장애인과 같은 특수한 계층의 사람들을 고려하여 디자인하였다고 하더라도 비노인이나 비장애인이 사용하기에도 전혀 불편함이 없어야 하며 누구나 이용하기 편리한 상품과 환경의 창조를 추구해야 한다. 이것은 장애를 가지고 있는 사람과 가지고 있지 않은 사람, 그리고 사고나 부상 등으로 일시적 장애를 가지고 있는 사람들 모두가 사용할 수 있는 제품이나 시설을 의미한다. 즉 유니버설 디자인은 특정한 사람만이 아니라 모든 사람들이 나이가 들어감에 따라 신체적 기능과 정신적 기능이 변하게 되므로 '삶의 질'과 관련하여 새로운 디자인의 필요성이 대두되기 시작하였던 것이다.

이는 모든 디자인 분야에 해당되며 최대한 많은 사람들이 만족할 수 있도록 생애 주기와 세대를 초월한 배리어 프리 디자인barrier free design의 의미보다 폭넓은 개념으로 마케팅 측면에서도 소득을 증대시킬 수 있는 잠재력을 지닌 디자인이다. 배리어 프리 디자인이란 이미 만들어진 제품이나 서비스나 시설 등이 '사용하기 어렵거나 사용할 수 없는' 장벽을 없앤다는 생각이다. 다시 말하면, 어느 제품이나 서비스가 '사용하기 어렵다', '사용할 수 없다'를 사용자들을 위한 '문제 해결형' 디자인이다.

한편, 유니버설 디자인은 다양한 방법으로 사용자의 신체적 특징과 능력, 심리, 사용 환경 등을 미리 연구하여 디자인하는 '창조적 제안형' 디자인이다. 또한 물리적이나 신체적인 사용뿐만 아니라 심리적으로도 '사용하고 싶다', '사용하기

쉬울 것 같다'라는 생각을 이끌어 내는 쾌적함을 자극한다. 유니
버설 디자인의 '창조적 제안'과 배리어 프리 디자인의 '문제 제
기, 문제 해결'은 향후 디자인에 있어서 반드시 필요한 생각이다.
　　　　유니버설 디자인은 인간의 존엄성과 평등을 실현
하면서 보다 다양하고 복합적이며 다면적인 인간의 욕구와 보다
다양한 범주의 사용자, 그리고 시간과 상황에 따른 역동적인 변
화들을 포용력 있게 수용해야 할 21세기의 디자인 방향이자 운
명인 패러다임이다. 그동안 깊이 검토해보지 않았던 디자인의
목적과 대상을 파악하는 방법에 대하여 의식의 변화가 요구되고
있다.

쉽게 열 수 있도록 개선된 병뚜껑 디자인

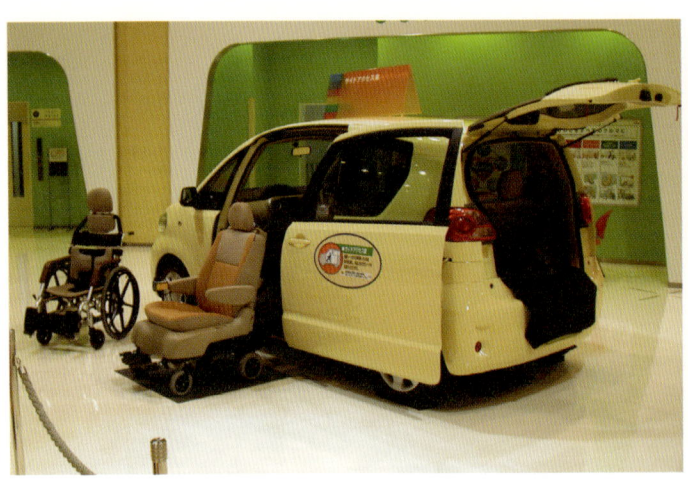

노약자와 장애인을 위한 토요다TOYOTA 자동차

조작이 편리한 운전석 디자인

휠체어를 쉽게 트렁크에 실을 수 있는 구조

휠체어를 탄 채 자동차에 쉽게 오르는 모습

악력이 약한 사람도 사용 가능한 볼펜

악력이 약한 사람을 위한 볼펜을 실제 사용해 보는 모습

사용자의 다양한 사용 방법을 고려한 식기류

사용자의 다양한 사용 방법을 고려한 숟가락

몸이 불편한 사람도 사용 가능한 컵

장애인을 위한 식기류

왼손, 오른손 구분 없이 사용 가능한 가위

무거운 쇼핑백용 손잡이

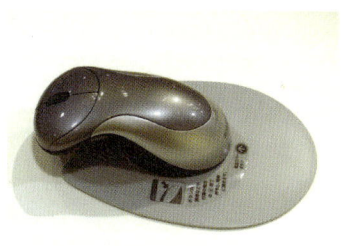

손이 불편한 사람을 위한 마우스

누구나 사용이 편리한 컵홀더

3) 다양한 형태의 입체물

참 고 문 헌

국내문헌

강태희, 〈현대미술의 문맥읽기〉, 미진사, 1995

김두하, 〈장승과 벅수〉, 대원사, 1991

김민수, 〈김민수의 문화디자인: 삶과 철학이 있는 디자인 이야기〉, 다우, 2002

김원대, 〈사진과 해설로 보는 온양민속 박물관〉, 온양민속박물관, 1983

권명광, 명승수 공저, 〈근대디자인사 – 산업혁명에서 바우하우스까지〉, 미진사, 1990, p. 11

권상구, 〈기초디자인 – 평면구성을 중심으로〉, 미진사, 1988

권영걸, 김현중, 〈조형연습 – Paper: 종이를 통한 3차원 형태 실험〉, 신성, 1982

민경우, 〈디자인의 이해〉, 미진사, 1995

박선의, 최호천, 〈비주얼 커뮤니케이션 디자인〉, 미진사, 1999

박선의, 〈디자인 사전〉, 미진사, 1990

백욱인 지음, 〈만남과 소통, 나눔에 길든 사람들〉, 문화와 나 2000

봉상균, 김용덕, 〈기초디자인〉, 조형사, 1994

오근재, 〈입체조형과 새로운 공간〉, 미진사, 1991

이두원 지음, 〈커뮤니케이션 현상에 대한 기호학적 접근〉, 성균관대학교 출판부, 1994

이연숙, 〈유니버설디자인〉, 연세대학교 출판부, 2005

이연숙, 김영주 편저, 〈친환경 공간디자인〉, 연세대학교 출판부, 2005

이주헌 지음, 〈미술로 보는 20세기〉, 학고재, 2002

이환권 개인전도록, 〈Bus Stop〉, 2005

조영제, 권명광, 안상수, 이순종 기획, 〈디자인 사전〉, 안그라픽스, 1994

최길렬 옮김, 〈디자인과 형태론〉, 도서출판 국제, 1994

한석우, 〈입체조형〉, 미진사, 1991

함정도, 손유찬, 〈공간디자인과 조형연습〉, 기문당, 2003

티 에이브리(SBPI), Goran Takacs(IMS/Studio6), 한국사진기자회 옮김
　　　〈서울 제24회 올림픽 공식화보집〉, (주)오리콤, 1988

Arnold Hauser, 염무웅, 반성완 옮김, 〈문학과 예술의 사회사 3, 4〉,
　　　창작과 비평사, 1999

Ben Bova, 이한음 옮김, 〈빛 이야기〉, 웅진닷컴, 2004

C. Thomas Mitchell, 김현중 옮김, 〈혁신적인 디자인사고〉, 도서출판국제, 1999

Charles Wallschlaeger, Cynthia Busic Synder, 원유홍 옮김, 〈디자인의 개념과
　　　원리〉, 안그라픽스, 1998

David A. Lauer, Stephen Pentak, 이대일 옮김, 〈조형의 원리〉, 예경, 2002

E. H. Gombrich, 최민역 옮김, 〈서양미술사〉, 열화당, 1977

Frank Popper, 박숙영 옮김, 〈전자시대의 예술〉, 예경, 1999

George W. Rickey, 윤난지 옮김, 〈키네틱 아트〉, 열화당, 1996

Goldstein E. Bruce, 정찬섭·김정오·도경수·박권생·박창호·김유진·남종호 옮김,
　　〈감각과 지각〉, 씨그마프레스, 2000
Hans Richter, 김채현 옮김, 〈다다 – 예술과 반예술〉, 미진사, 1991
Henri Focillon, 강영주 옮김, 〈형태의 삶〉, 학고재, 2001
Johannes Itten, 안정언 옮김, 〈디자인과 형태〉, 미진사, 1998
Lewis Mumford, 김문환 옮김, 〈예술과 기술〉, 민음사, 1999
Maitland Graves, 배만실 옮김, 〈디자인과 색채〉, 이대출판부, 1996
Marshall McLuhan, 박정규 옮김, 〈미디어의 이해 – 인간의 확장〉,
　　커뮤니케이션북스, 2001
Mikami Tsugio, Sugiyama Jiro, 〈세계의 박물관5 대영박물관〉, 한국일보사, 1986
Nakagawa Satoshi, 양혜정 옮김, 〈유니버설디자인 매뉴얼〉, 디자인로커스, 2005
Paul G. Hewitt, 엄정인·김인묵·박홍이·정광호 옮김, 〈수학 없는 물리〉,
　　홍릉과학출판사, 2003
Peter Wollen, 송평인 옮김, 〈순수주의의 종언〉, 시각과 언어, 1998
Robert Hughes, 최기득 옮김, 〈새로움의 충격 – 모더니즘의 도전과 환상〉,
　　미진사, 1993
Robert L. Solso, 신현정·유상욱 옮김, 〈시각심리학〉, 씨그마프레스, 2000
Rudolf Arnheim, 김춘일 옮김, 〈미술과 시지각〉, 홍익사, 1981
Sugiyama Akihiro, 김인권 옮김, 〈조형형태론〉, 미진사, 1991
Umberto Eco, E. H. Gombrich, 크리스틴 리핀콧 외, 〈시간박물관 The Story of
　　Time〉, 푸른숲, 2000
Victor Papanek 지음, 조영식 옮김, 〈녹색위기〉, 조형교육, 1999
Virginia Postrel, 신길수 옮김, 〈스타일의 전략〉, 을유문화사, 1997
Wassily Kandinsky, 차봉희 옮김, 〈점, 선, 면〉, 열화당, 1979
Wucius Wong, 최길렬 옮김, 〈디자인과 형태론 Principle of form and design〉,
　　도서출판국제, 1994
레오나드 쉴레인 지음, 김진엽 옮김, 〈미술과 물리의 만남 1, 2〉, 도서출판 국제, 1995
존 에이 워커 지음, 정진국 옮김, 〈디자인 역사〉, 까치, 1995
존 에이 워커 지음, 정진국 옮김, 〈대중매체시대의 예술〉, 열화당, 1987
존 버거 지음, 편집부 옮김, 〈이미지 Way of Seeing〉, 동문선, 1990
P. M. 레스터, 금동호·김성민 공역, 〈비주얼커뮤니케이션〉, 나남신서 451, 1996
장 마리 플로슈 지음, 박인철 옮김, 〈조형기호학〉, 한길사, 1994

월간 〈디자인네트〉, 2006년 1월호, 통권 100호, 2006

월간 〈디자인네트〉, 2006년 2월호, 통권 101호, 2006

월간 〈디자인네트〉, 2006년 3월호, 통권 102호, 2006

월간 〈디자인네트〉, 2006년 4월호, 통권 103호, 2006

월간 〈디자인〉, 2006년 4월호, 334호, 2006

홍익대학교 미술디자인 공학 연구소 〈디자인 일반〉, 교육인적자원부, 2000

〈20세기 추상미술의 빛과 움직임〉, 조선일보사, 갤러리현대, 2001

문화정보지, 〈청주사랑〉, 청주시문화산업진흥재단, 2006

〈옥스퍼드 20세기 미술사전〉, 시공사, 2000

월간 〈코스마〉, 1991년 3월호, 통권18호, 1991

Arnheim. R., 〈Art and Visual Perception〉, University of California Press. 1974

Benjamin Martinez, 〈Visual Forces an Introduction to Design〉, Jacqueline Block, 1994

Bruno Ernst, 〈グラフィックの魔術〉, Benedikt Taschen, 1993

Bruno Ernst, 〈視覺の冒險 - ありえない圖形〉, Benedikt Taschen, 1996

Edi Lanners, 高山=譯, 〈Illusion〉, 河出書房新社, 1998

Frank G. Bowe, 〈Universal Design in Education〉, Bergin & Garvey, 2000

Fry, Roger., 〈Vison and Design〉, New York: Meridian Books, 1956

George Rickey, 〈constructivism〉, George Braziller, 1995

ICC, 〈Art Meets Media : Adventures In Perception〉, NTT出版, 2005

Jacobson, Leon., 〈Art as Experience and American Visual Art Today〉, Journal of Aesthetics Criticism, 〈V. 19, 117-126〉, 1960

Joset Muller-Brockmann, 〈Grid systems〉, Verlag Niggli AG, 1981

Lanigan, 〈The phenomenology of Comm〉, Duquesne Univ., 1988

Magdalena droste, 〈Bauhaus〉, Taschen verlag, 1998

R. G. Collingwood, 〈The Principles of Art〉, Oxford, 1958. Robert Lawlor, Sacred Geometry, Tehames and Hudson, 1982

R. G. Collingwood, 〈The Principles of Art〉, London: Oxford University Press, 1938

Ronald G. Carraher/Jacqueline B. Thurston, 〈Optical Illusions And The Visual Arts〉, Reinhold Publishing Corporation, New York/ Studio Vista, London, 1966

Thagard, P., Holyoak, K., 〈the Analogical Mind, in American Psychologist〉, 〈Vol. 52, No. 1, 35-44〉, 1997

Wucius Wong, 〈Principles of Color Design〉, John Wiley & Sons, 1997 〈2nd edition〉

Wolfgang F. E. Preiser, 〈Universal Design Hand Book〉, McGraw-Hill, 2001

日本圖學會編, 〈美の圖學〉, 森北出版, 1999

坂根嚴夫, 〈新·遊びの博物誌〉, 朝日新聞社, 1984

黒田正巳, 〈空間を描く遠近法〉, 彰國社, 1992

松田隆夫, 〈視知覺〉, 倍風館, 1998

〈3D-Beyond The Stereography〉, 東京都寫眞美術館, 1996

〈遊びの博物館〉, 朝日新聞社, 1979

〈超感覺ミュ-ヅアム〉, 日本經濟新聞社, 1999

〈Animation〉, 東京都寫眞美術館, 1995

〈Jean Tinguely. Les Philosophes〉, reConnaitre, 1999

JAPAN PACKAGE DESIGN ASSOCIATION, 〈PACKAGE DESIGN IN JAPAN
          VOL.3〉. Rikuyo-sha, 1989

〈視覺の冒險-ありえない圖形〉, TASCHEN, 1996

논문

심복섭, 〈기초조형에 있어서 비주얼 일루전에 의한 입체·공간표현 연구〉,
          기조형학연구, Vol.5 No.3, 2004

임창영, 〈디지털시대 산업디자인의 새로운 패러다임 변화에 관한 연구: 정보화와 기술
          발전에 따른 산업디자인의 변화와 전망〉, 국민대 테크노디자인 전문대학원
          박사논문, 2002

이철재, 〈디지털리즘의 인식론적 공간구성 해석〉, 홍익대학교 대학원 박사논문, 2003

황경찬, 〈고령자를 위한 옥외용 보행 보조기 디자인에 관한 연구〉, 홍익대학교 대학원
          석사논문, 2005

http://kr.dic.yahoo.com/search/eng/search.html?prop=eng&p=space
http://kr.dic.yahoo.com/search/eng/search.html?prop=eng&p=form
http://kr.dic.yahoo.com/search/eng/search.html?prop=eng&p=shape
http://wwwwwww.net/davinci/03_1.htm
http://www.youth.co.kr/rs/rs030006.htm
http://my.dreamwiz.com/orchidy/d-drawing.htm
http://intomail.net/invain/me/
http://100.naver.com/100.nhn?docid=54881
http://100.naver.com/100.nhn?docid=82019
http://kr.dic.yahoo.com/search/eng/search.html?p=movement&prop=
       eng&field=&type=
http://www.megaweb.gr.jp/Uds/English/index.html
http://jp.fujitsu.com/about/design/ud/
http://www.toto.co.jp/ud/labo.htm
http://www.tripoddesign.com/jp/gallery/index.html
http://www.toppan.co.jp/ud/
http://www.jvc-victor.co.jp/ud/
http://www.toshiba.co.jp/design/pr/ud/index_j.htm
http://www.inax.co.jp/ud/
http://www-06.ibm.com/jp/design/universal/index.html
http://www.roslynoxley9.com.au/artists/64/Bill_Culbert/297/
http://www.georgesdyens.com/English/framesets/fs_creation_4_ang.
       html
http://www.ilda.wa.org/Laserist/Laser-Show-News.html
http://www.germany.archiseek.com
http://kr.blog.yahoo.com/dpsulack/1171250.html

p.041   http://kr.blog.yahoo.com/dpsulack/1171250.html

p.041   〈의자 100년전〉, 서울시립미술관, 2006

p.043   〈bauhaus1919-1933〉, benedikt taschen verlag, 1991

p.043   〈bauhaus1919-1933〉, benedikt taschen verlag, 1991

p.043   〈Das fruehe Bauhaus und Johannes Itten〉, Verlag Gerd Hatje, 1994

p.047   〈Das fruehe Bauhaus und Johannes Itten〉, Verlag Gerd Hatje, 1994

p.060   http://www.germany.archiseek.com

p.077   Karim Rashid, Thqmes & Hudson, p.181

p.077   인테르니 명품, 인테르니 & 데코, 2003, p.141

p.077   2005 World Exposition Aichi Japan, Sandu Cultural Media Co., Ltd., p.312

p.080   인테르니 명품, 인테르니 & 데코, 2003, p.249

p.080   Deco, 인테르니 & 데코, 2003, p.93

p.099   Interiors Now 3, images publishing, 2004, p.18

p.100   International Architecture Yearbook No.3, McGraw Hill, 1998, p.195

p.102   Interiors Now 1, images publishing, 2004, p.34

p.102   2005 World Exposition Aichi Japan, Sandu Cultural Media Co., Ltd., p.113

p.102   Universal Principles of Design, Rockport, 2003, p.189

p.103   Interiors Now 3, images publishing, 2004, p.17

p.103   Interiors Now 4, images publishing, 2004, p.30

p.112   청주사랑 2006년 2월 제2호 표지사진

p.127   http://www.roslynoxley9.com.au/artists/64/Bill_Culbert/297/

p.128   http://www.georgesdyens.com/English/framesets/fs_creation_4_ang.html

p.128   〈전자시대의 예술〉 p.51, 도서출판 예경1999

p.130   http://www.ilda.wa.org/Laserist/Laser-Show-News.html

p.138   美の圖學 p.251 森北出版. 日本圖學會編,1999

p.140   視知覺 p.143, 培風館, 1998

p.142   美の圖學 〈컬러도판〉, 森北出版, 日本圖學會編, 1999

p.143   視覺の冒險–ありえない圖形 p.8, TASCHEN, 1996

p.147   〈空間を描く遠近法〉 p.199, 222, 87, 彰國社, 1992

p.158   월간 〈코스마〉, 1991년 3월호, 통권18호, pp.79~87, 1991

p.163   Japan Package Design Association, 〈PACKAGE DESIGN IN JAPAN VOL.3〉. Rikuyo-sha.1989. p.109

p.163   Japan Package Design Association, 〈PACKAGE DESIGN IN JAPAN VOL.3〉. Rikuyo-sha.1989. p.260

p.164   Japan Package Design Association, 〈PACKAGE DESIGN IN JAPAN VOL.3〉. Rikuyo-sha.1989. p.81

p.164   Japan Package Design Association, 〈PACKAGE DESIGN IN JAPAN VOL.3〉. Rikuyo-sha.1989. p.164

저 자 약 력

—
최동신
서울대학교 응용미술학과 및 홍익대학교 대학원 졸업
한국포장디자인학회장 역임
'86 아시안게임 문화포스터 제작, 88서울올림픽대회 사인·환경디자인 참여
저서: 고등학교 디자인 실제, 디자인실습, 그래픽디자인, 시각디자인 일반, 시각디자인실습
홍익대학교 미술대학 전 교수

—
최호천
홍익대학교 미술대학 및 동 대학원 시각디자인전공 박사과정 수료
대한민국산업디자인전람회 한국디자인진흥원장상, 국무총리상, 초대디자이
대한산업미술가협회 시각디자이너회장
저서: 비주얼커뮤니케이션디자인(미진사), 고등학교 시각디자인 기초/응용, 광고·사진, 조형
강남대학교 예술학부 시각디자인전공 교수, 유니버설디자인 연구소장

—
윤희수
홍익대학교 미술대학 졸업
베를린 종합예술대학(Hochschule der Kuenste, Berlin) 졸업
홍익대학교 대학원 미술학 박사
저서: 색채의 이해(번역서, 미술문화, 1999), 기초디자인(공저, 안그라픽스, 2003)
공주대학교 사범대학 미술교육과 교수

심복섭

홍익대학교 미술대학 시각디자인과 및 동 산업미술대학원 졸업

일본국립 쯔쿠바대학교(日本國立筑波大學) 대학원 예술연구과 졸업

일본경제신문사(日本經濟新聞社)주최 "Extrasensory Museum" 국제공모전 입상

광복 50주년 기념 상징차량 길놀이 기획·제작 참여

충북대학교 미술과 시각디자인전공 교수

김미자

홍익대학교 시각디자인과 졸업

홍익대학교 산업미술대학원 포장디자인전공 석사

캘리포니아 주립대학 (California State University, Long Beach) 석사

경남산업디자인전람회 추천디자이너

영산대학교 시각디자인학과 교수

남호정

홍익대학교 미술대학 및 동대학원 시각디자인과 졸업

홍익대학교 대학원 미술학 박사

한국대학출판부협회장, 대한산업미술가협회 이사, 광주전남디자인협회 이사

저서: 기초디자인(공저, 안그라픽스, 2003)

전남대학교 예술대학 미술학과 시각디자인전공 교수